AF240873

Les Émirats Arabes Unis
à la conquête du monde

Sébastien Boussois

Les Émirats Arabes Unis
à la conquête du monde

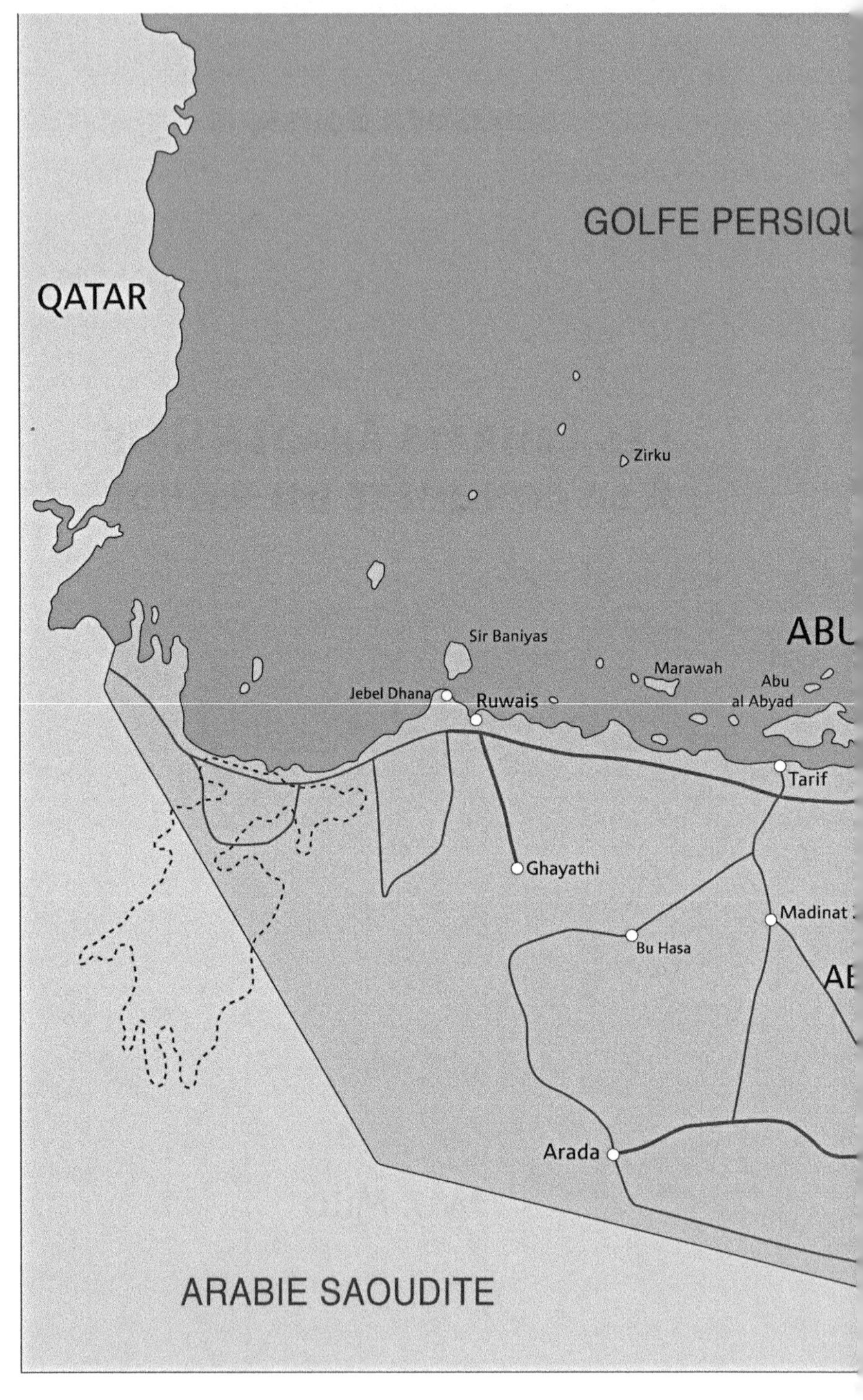

GOLFE PERSIQU
QATAR
Zirku
Sir Baniyas
Marawah
ABU
Abu
al Abyad
Jebel Dhana
Ruwais
Tarif
Ghayathi
Madinat
Bu Hasa
AB
Arada
ARABIE SAOUDITE

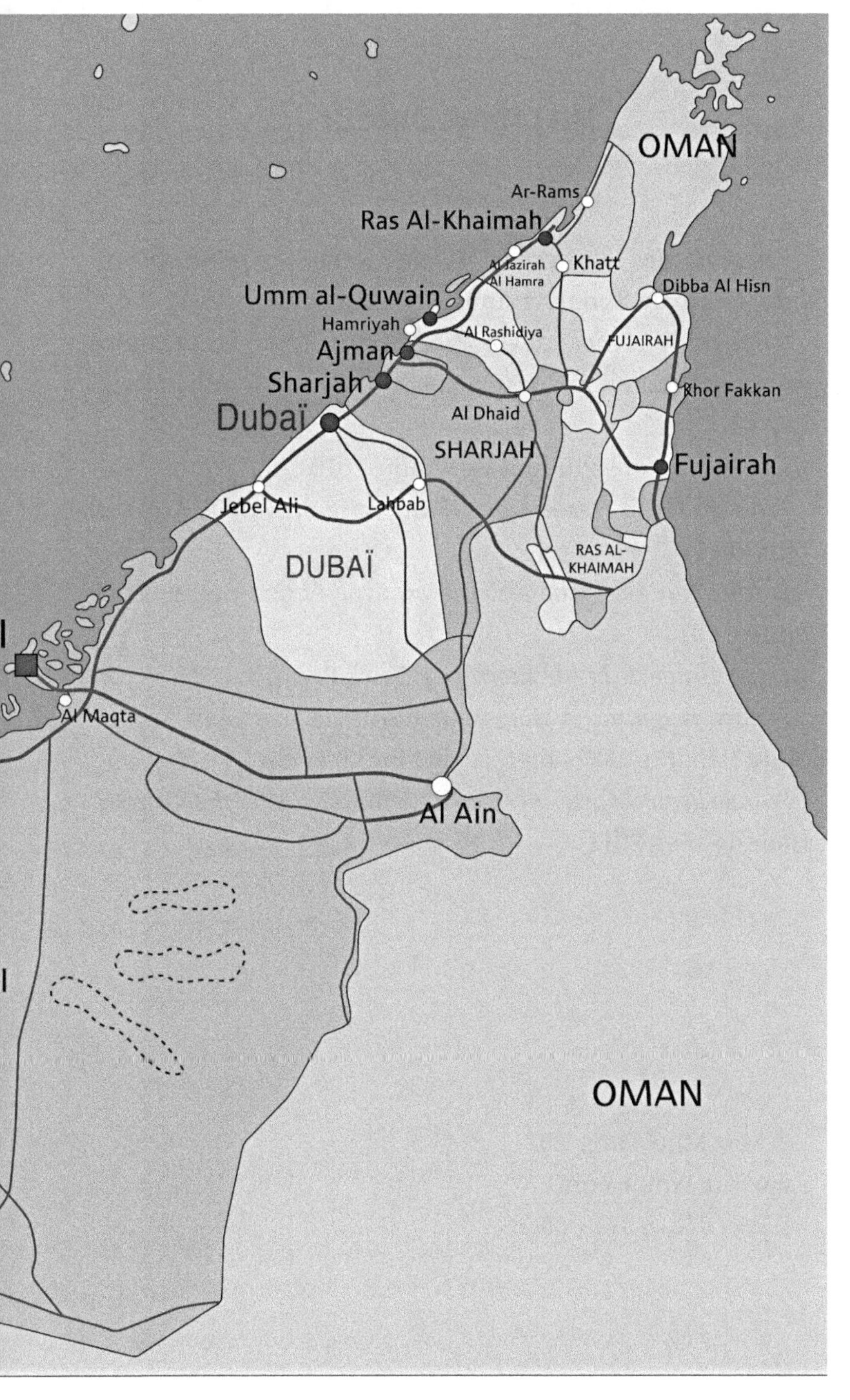

OMAN
Ar-Rams
Ras Al-Khaimah
Khatt
Al Jazirah
Al Hamra
Dibba Al Hisn
Umm al-Quwain
Hamriyah
Al Rashidiya
FUJAIRAH
Ajman
Khor Fakkan
Sharjah
Al Dhaid
Dubaï
SHARJAH
Fujairah
Jebel Ali
Lahbab
DUBAÏ
RAS AL-
KHAIMAH
Al Maqta
Al Ain
OMAN

Du même auteur

Les nouvelles menaces mondiales, la grande pandémie du déni, préface de Boris Cyrulnik, Mardaga éditions, 2021

Il nous reste les mots, de Georges Salines et Azdyne Amimour (avec la collaboration de Sébastien Boussois), Robert Laffont, 2020

Daech : la suite, Éditions de l'Aube, 2019

Pays du Golfe : les dessous d'une crise mondiale, Armand Colin, 2019

Lettre pour les jeunesses arabes, avec Azouz Begag, Erick Bonnier, 2018

Le naufrage de la Méditerranée, Erick Bonnier, 2018

France-Belgique, la diagonale terroriste, avec Asif Arif, La Boite à Pandore, 2016, préface de Marc Trévidic

Sauver la mer Morte, un enjeu pour la paix au Proche-Orient?, Armand Colin, 2012

© Max Milo, Paris, 2021
www.maxmilo.com
ISBN : 978-2-315-00858-2

Introduction

En 2019, Abu Dhabi et Dubaï alignaient un record qui peut paraître superficiel : les « Fleurs de la tolérance » sont désormais le plus grand tapis de fleurs naturelles au monde. Et un record fantasque de plus pour les Émirats Arabes Unis (ÉAU), un, après ceux, entre autres,

- du plus grand cadre de tableau vide au monde,
- du plus grand tapis tissé main,
- du plus grand nombre de personnes déguisées en momies en trois minutes,
- de la plus grande boule de Noël,
- de la plus grande image de cafetière humaine,
- du plus grand parasol de la planète,
- de la plus grande tasse de thé chaud du globe,
- du plus grand nombre de lampes LED installées sur une voie publique,
- du plus grand anneau en or,
- de la plus grande image humaine d'un drapeau,

- du plus grand livre,
- de la plus grande épée,
- de la plus grande course en fauteuil roulant,
- de la police la plus rapide du monde, et
- de la plus grande proportion d'hommes dans un pays par rapport aux femmes (218 hommes pour 100 femmes)...

Ces titres peuvent sembler futiles, et ils le sont – pas tous, si on leur ajoute la tour de Khalifa, dite Burj Khalifa, « plus haute structure humaine jamais construite » culminant à 828 mètres. Pourtant, tous ont un sens géopolitique fort. Ils ont été glanés précisément parce qu'ils étaient saugrenus. Par leur incongruité et leur accumulation, ils entretiennent la perception d'Émirats facétieux, légers, ouverts, formant un îlot libéral au milieu de l'archipel de monarchies conservatrices du Golfe. Vue ainsi, Abu Dhabi mérite largement d'être, selon le slogan de l'Exposition universelle 2020, « le centre du monde pendant 182 jours »[1] !

L'assemblage entre pétillements et ambition non dissimulée est la marque des ÉAU. Il se retrouve aussi dans la façon dont les Émirats ont investi Bruxelles, capitale de l'Union européenne et siège de l'Organisation du Traité de l'Atlantique Nord. En effet, après des années de désintérêt manifeste, les pays du Golfe sont revenus sans lésiner sur les moyens. L'ambassade des Émirats s'est ainsi lovée dans la maison Delune, au 86, avenue Franklin Roosevelt à Ixelles, l'une des plus belles avenues de la capitale, qui abrite nombre

---

1. https://www.expo2020dubai.com/fr

Les Émirats Arabes Unis à la conquête du monde

d'ambassades étrangères et d'immeubles classés. L'endroit est magnifique : c'est l'un des plus fameux exemples bruxellois d'architecture Art nouveau. Sur le grand boulevard verdoyant, impossible de rater ce mélange d'influences occidentales et byzantines, sis non loin de l'ambassade d'Arabie Saoudite et de celle du Qatar. Cependant, à deux pas, l'ancienne ambassade émiratie, moins flamboyante mais deux fois plus grande, abrite le bureau militaire de l'ambassade.

Or, en décembre 2020, le petit monde feutré et florissant abrité par l'enclave émiratie a été secoué par un scandale. *La Dernière Heure* a révélé une fraude massive, remontant à quarante ans *a minima* et s'accompagnant de faits de harcèlement moral – ainsi, un témoin décrira un diplomate comme « un tyran » qui l'a « démoli »[2]. Selon les éléments pointés par l'enquête, l'ambassade aurait oublié – oups ! – de déclarer ses travailleurs entre son arrivée en 1976 et 1994. Plus fort, son forfait révélé, elle aurait poursuivi dans l'illégalité sans désemparer, n'effectuant que des déclarations partielles pour certains collaborateurs et continuant à violer allègrement la législation belge du travail.

Comme l'association entre billevesées et ambition géopolitique, le grand écart entre la beauté architecturale de l'ambassade et la réalité sordide de ce qui s'y trame est un bon résumé de ce que sont devenus les ÉAU, *id est* une façade magnifique dissimulant une noria de pratiques obscures. Plus

____

2. https://www.dhnet.be/actu/belgique/harcelement-moral-au-coeur-de-l-ambassade-des-emirats-arabes-unis-de-bruxelles-il-a-agi-comme-un-tyran-nous-a-demolis-5fda59e97b50a652f7a1fd9b

Introduction

qu'obscures : noires, même, parfois. À peine mise au jour, une telle dichotomie, tentant de masquer par l'esbroufe et le spectaculaire des pratiques inacceptables, devrait outrecuider. Las, elle n'empêche pas les Émirats Arabes Unis de continuer à déployer leur toile dans la capitale de l'Union européenne, tant auprès des puissants de ce monde qu'auprès des quidams.

En témoigne l'engouement des influenceurs – notamment français – pour Dubaï. De nombreuses vedettes du genre y ont élu domicile. Parmi elles, des dames issues de la téléréalité comme Nabilla, spécialiste du shampooing s'il en est, Caroline Receveur, passée de *Secret Story* à la vente de thé détoxifiant, ou Jessica Thivenin, pour qui la chirurgie esthétique n'a plus de secret depuis qu'elle y a eu recours afin de remodeler seins, dents, lèvres et menton (*work in progress*). Dans leur sillage, la francophonie européenne a accompagné le mouvement hexagonal et s'est aussi exilée : à titre d'exemple, le Belge DJ Daddy K et le Suisse Jean-Pierre Fanguin sont allés voir là-bas si le sable était plus doré. Dans ses vidéos léchées où chameaux et buggy sillonnent un désert superbe, le YouTubeur helvète assure même la promotion des Émirats, en vantant la belle vie, le luxe, la richesse et l'argent facile.

Oublions un instant l'iconographie susceptible de faire rêver la ménagère de moins de cinquante ans qui vibre – au moins sporadiquement – en beaucoup d'entre nous, et demandons-nous pourquoi ces entrepreneurs ont opté pour une telle délocalisation. Plus que le dépaysement ou l'intérêt fiscal, tous se réjouissent de la discrétion et du luxe incomparable que leur offre Dubaï : ils y jouissent de la possibilité de ne pas être reconnus dans leur vie quotidienne, alors qu'ils sont scrutés par des millions de *followers*. En prime et sans supplément, les exilés volontaires bénéficient de l'image moderne, exotique et ensoleillée de la ville émiratie. Comme, à leur tour, ils entretiennent ce mythe, c'est du *win-win* pour leurs hôtes. Grâce aux influenceurs, les ÉAU soignent leur image *via* les réseaux sociaux où ces individus instrumentalisés prolongent le mirage d'un pays ouvert, libre et épanouissant.

In situ, la réalité est moins pailletée. Depuis dix ans, tous les droits élémentaires ont été annihilés un à un dans les Émirats. À présent, ses dignitaires tentent d'étendre la zone d'influence de leur dictature aux apparences proprettes. Deux prétextes visent à justifier cette politique : au niveau régional, la stabilité politique ; au niveau mondial, la lutte contre le terrorisme. Dans l'ombre des gratte-ciel clinquants et de l'imaginaire occidental nourri d'images de personnes libres, d'accès facile à l'alcool et de défilé de bikinis sur les plages de Dubaï, le centre politique et idéologique actuel des Émirats est situé à Abu Dhabi où une famille a pris le pouvoir : les Al Nahyan.

L'influence de cette famille royale a connu une très nette accélération en 2008, après la faillite économique de Dubaï, due à la crise financière et à l'effondrement d'un marché immobilier très spéculatif. Délaissée par Abu Dhabi, Dubaï a dû abandonner à la dynastie montante une grande partie de ses pouvoirs constitutionnels. Au sein de cette famille, un homme s'est imposé : le prince héritier Mohamed ben Zayed, dont l'obsession pour la surveillance et le contrôle du régime est devenue peu à peu raison d'État dans les Émirats. La crainte suscitée par les printemps arabes a accentué le mouvement.

Cependant, le désir de stabilité qui anime MBZ ne s'est pas arrêté aux frontières des Émirats. Dans l'ensemble du monde arabe, Abu Dhabi a donc soutenu les régimes répressifs de l'Égypte et de la Libye au nom de la bien pratique lutte anti-terroriste. Or, tout s'imbrique ! En 2017, le blocus du Qatar, qui durera qui durera jusqu'à l'accord de « stabilité et de solidarité » signé le 5 janvier 2021, renforce les liens entre l'Arabie saoudite et les Émirats ; et le soutien au royaume du Yémen, n'est rien d'autre qu'une tentative de mettre en sourdine à la fois les bailleurs de fonds des soulèvements de 2011 et Al Jazeera, qui avait été le porte-parole des révolutionnaires. MBZ a ainsi servi de mentor idéologique au prince héritier saoudien Mohamed ben Salmane, avec lequel il entretient une amitié personnelle. Ce lien fort jette les bases d'une alliance bilatérale entre Riyad et Abu Dhabi, censée servir de rempart aux autres pouvoirs qu'ils soutiennent.

Au Yémen, Riyad et Abu Dhabi ont trouvé un objet de désir qui sert à la fois l'idéologie et les intérêts du pouvoir. Alors que les Émirats sont officiellement arrivés pour aider le royaume à combattre la milice houthie, une armée de mercenaires et de substituts, sous la direction de MBZ, mène une guerre de l'ombre contre le parti Al-Islah (relevant de la mouvance des Frères musulmans) et ses partenaires. Dans le même temps, les ÉAU ont sécurisé leur accès aux ports les plus importants le long des rives de l'océan Indien, au sud du pays.

Ailleurs, même topo. De l'autre côté de la Corne de l'Afrique, les ÉAU sont en mesure de poursuivre leur ambition de grande puissance régionale : en Somalie, à Djibouti et en Érythrée, ils ont massivement étendu leur emprise agressive sur le terrain. L'expérience de MBZ en Égypte et en Libye confirme que la force armée peut être utilisée avec succès pour appliquer des idéologies néoconservatrices et pour sécuriser des intérêts géopolitiques en recourant aux disparitions, à la torture et aux assassinats ciblés.

La croisade de MBZ contre les acquis démocratiques des « printemps arabes » menace la stabilité de la région. Le mythe de la solution autoritaire jette les bases d'une stratégie à court terme qui nie la réalité sociopolitique du monde arabe depuis 2011. Abu Dhabi est convaincu que la répression peut canaliser l'aspiration de l'individu à la justice sociale et à la participation politique. Au contraire, la répression de cet ordre offre un terreau fertile à l'extrémisme, notamment islamiste, à l'insurrection et aux déclenchements de nouvelles révolutions. L'îlot de liberté et de modernité que les ÉAU paraissaient être depuis 1971, date de leur indépendance, sombre dans une dérive sécuritaire radicale dans un contexte régional politique tendu, entre

- blocus unilatéral contre le Qatar,
- guerre sanguinaire au Yémen,
- assassinat du journaliste saoudien Jamal Khashoggi,

- embrasement avec l'Iran,
- attaques des installations saoudiennes par des drones houthis,
- constitution d'un axe sulfureux émirato-saoudo-américano-israélien,
- déstabilisation des révolutions arabes et
- mise en place d'une contre-révolution régionale pilotée par les ÉAU afin de favoriser l'émergence et le maintien de dictatures militaires.

Comment, avec un tel bilan, MBZ peut-il parfois être considéré comme le *leader* du monde arabe ?

La position géostratégique de son pays n'y est pas pour rien. Les ÉAU sont situés face au détroit d'Ormuz et à l'Iran. Impossible de le négliger, compliqué de le secouer. D'autant que le pays a développé une vision pour le développement de son pays, depuis la conception d'un *hub* régional et mondial, en passant par l'émergence d'une ville futuriste et d'une puissance économique à l'image de Dubaï. Face à cette ville, et de façon plus politique, Abu Dhabi s'est développée et veut développer son double statut de puissance militaire et de carrefour des armements régionaux. Dès lors, les ÉAU sont un partenaire privilégié pour l'Occident, les États-Unis et l'Europe. Donc pour la France, avec qui elle entretient une relation pour le moins trouble.

Dans la perspective ambitieuse et jusqu'au-boutiste qui anime le prince, pas de quartier. Le Qatar, qui refusait de rejoindre les ÉAU depuis 1971, a servi d'exemple pour montrer ce qu'il advenait aux rebelles. C'est essentiel car les ÉAU ne cessent d'agrandir leur zone d'influence dans l'ensemble des pays musulmans, dont l'Égypte, l'Algérie, le Soudan, le Maroc, la Tunisie et l'Iran. Désormais, Abu Dhabi peut réaliser son rêve également maritime en se positionnant sur les points stratégiques du Golfe et de l'océan Indien. Ses succès dopent son appétit d'ogre et le poussent à avancer ses pions, entre *soft* et *hard power*, en Inde, en Chine et en Afrique. Il n'y a quasi plus de limites au projet de MBZ : la fédération n'a-t-elle pas lancé, en juillet 2014, la Mission martienne des Émirats ? Or, le 9 février 2021, ce projet, soutenu par les États-Unis, est parvenu à placer la sonde Al-Amal [l'espoir en arabe] en orbite martienne, faisant des ÉAU la cinquième nation à s'installer autour de la planète rouge.

En apparence, un nouveau pas, impressionnant, vers le statut de grande puissance. En réalité, un nouvel encouragement dans le projet de transformer un confetti d'empire britannique en Grands Émirats Arabes Unis, qui guide Mohamed ben Zayed, enclin à mettre en œuvre, depuis dix ans, une politique de la poudrière qui annonce de nouveaux dangers. C'est ce que voudrait exposer ce livre en montrant comment l'essor des Émirats lui a permis de développer un audacieux esprit de conquête dont les perspectives sont à la fois spectaculaires et potentiellement inquiétantes.

1. De la perle au pétrole

Sur la route de l'encens et de la soie, située à un carrefour géostratégique mondial, la péninsule arabique a toujours été l'objet de toutes les convoitises. Américains, Français et Anglais, les grandes Empires du XIXe siècle, ne s'y sont pas trompés. Ils ont lancé de grandes expéditions à la conquête d'un ailleurs rentable. Hélas pour eux, les tribus locales, nombreuses dans la région, ont fait de la résistance ! Les Bani Yas, les Abu Al Falah et les Al Nahyan règnent alors sur de petits territoires dont ils n'envisagent pas de céder le contrôle aux envahisseurs. Il faudra de nombreuses batailles avant que les Britanniques, arrivés dans les années 1820, imposent leur férule dans les États dits de la Trêve (Trucial Coast). En 1892, ces territoires reçoivent le statut de protectorats dans l'Empire britannique.

Dans cette région surabondante en pétrole, les Britanniques se disputent les intérêts locaux notamment avec les Américains. Pourtant, ce n'est qu'en 1960 que l'on découvre de richissimes gisements de pétrole à Abu Dhabi. Y règne alors le cheikh Zayed Ben Sultan Al Nahyan, celui qui fondera les Émirats Arabes Unis après l'indépendance en 1971. Car, dans les années 1960, il y a encore un chapelet de petits émirats : Abu Dhabi, à l'ouest, qui est le plus vaste, et Dubaï collé à lui, auxquels s'ajoutent ceux d'Ajman, de Charjah, de Fujeirah, de Raïs el Khaymah et d'Oumm el Qaïwan. C'est de la confédération de ces sept anciens émirats que naissent les bien nommés Émirats Arabes Unis.

Or, deux anciens pays de la Trêve résistent et ne veulent pas rejoindre cette confédération : le Bahreïn et le Qatar. Alors que tous tentaient de se mettre d'accord sur les termes de l'union à venir, le Qatar proclame son indépendance le 3 septembre 1971. Sa reconnaissance par la communauté internationale ne se fait pas attendre, et le petit Émirat intègre promptement les Nations Unies et la Ligue Arabe. Sa volonté d'émancipation reste une épine dans le pied des Émirats, et la source d'un différend historique qui agite encore la région.

Au sein des ÉAU, chaque émirat dispose de ses institutions et de la gestion de ses ressources ; en revanche, le domaine des affaires étrangères, de la sécurité et de la défense, de l'éducation, de l'émigration et de la santé revient au pouvoir fédéral. La capitale des émirats est Abu Dhabi. Le président de la confédération est alors le cheikh Khalifa ben Zayed Al Nahyan ; le vice-président et premier ministre est Mohamed ben Rashi Al Maktoum, émir de Dubaï. La distribution des rôles en fonction des familles est toujours la même. Le système des émirats s'articule autour d'un conseil suprême, d'un conseil des ministres, d'un parlement, d'un conseil national fédéral et d'une organisation judiciaire. Le conseil suprême élit le président et son vice-président ; c'est aussi lui qui dispose des pouvoirs législatif et exécutif.

Les émirats confédérés sont tous égaux, mais certains moins que d'autres ! Le plus important est celui d'Abu Dhabi, dont l'émir a été élu président en 2004. Le pouvoir se transmet de père en fils. Cela a permis à Mohamed ben Zayed, prince héritier de l'émirat le plus riche de la confédération, de devenir l'homme fort de toute la confédération. C'est donc la dynastie Al Nayan qui est à l'origine du développement des Émirats Arabes Unis dès leur indépendance. Zayed Ben Sultan Al Nahyan, fondateur du pays et surnommé « le sage des Arabes », s'est taillé à la fois une belle fortune et une solide réputation en s'appuyant sur deux piliers : les traditions et la modération.

Ainsi a-t-il entamé un processus de modernisation et d'ouverture inédit, incluant quelques mesures en faveur des droits de la femme, de leur éducation, mais aussi de la scolarité et de l'emploi – de quoi rassurer les Occidentaux, pour qui le pays est stratégique. En effet, près d'un quart de l'approvisionnement mondial en hydrocarbures passe par le détroit d'Ormuz. Alors que le Qatar baigne au milieu de la mer d'Arabie et dispose d'une seule frontière terrestre avec l'Arabie Saoudite (fermée depuis 2017), les Émirats Arabes Unis jouxtent l'Arabie Saoudite et sont aussi tournés sur le

1. De la perle au pétrole

Golfe persique, le détroit d'Ormuz et l'océan Indien. C'est dire l'intérêt de garantir la stabilité des voies navigables commerciales et d'avoir des relations privilégiées avec l'émirat.

Or, depuis la révolution islamique en 1979, puis la première guerre entre l'Iran et l'Irak, de 1980 à 1988, le Golfe persique est sous tension et divisé entre alliés sunnites (Saoudiens, Qataris, et Émiratis), et, de l'autre côté, l'ennemi iranien. Pour préserver les milliards de dollars qui y circulent chaque année à destination du monde entier, Abu Dhabi développe son *hard power* énergétique et militaire face aux menaces extérieures. Soutenus par des Occidentaux qui dépendent d'Ormuz pour leur autonomie énergétique, les Émirats veillent à sécuriser leur pré-carré face à l'épouvantail iranien. En parallèle, se concrétise un modèle de développement économique chargé de masquer l'impératif militaire grandissant, grâce au pétrole, assimilé à un don du ciel.

Nihil novi sub sole : depuis le XVIe siècle, les émirats est une terre de commerce qui brasse individus et biens, ce qui structure sa société. En effet, comme l'a expliqué André Bourgey,

> la vieille tradition commerciale des émirats, liée aux relations étroites avec les pays de l'océan Indien, a permis l'émergence d'une classe sociale privilégiée, constituée d'armateurs et de grands commerçants. Jusqu'à l'arrivée des revenus pétroliers, ces familles marchandes détenaient le pouvoir économique, alors que les familles régnantes dépendaient bien souvent économiquement de la classe des marchands, et parfois

Les Émirats Arabes Unis à la conquête du monde

même étaient obligées de leur emprunter de l'argent. Mais la signature des concessions pétrolières, puis l'exploitation de l'or noir vont modifier radicalement cette situation en renforçant le pouvoir des émirs et de leur famille au détriment des riches familles marchandes.

Tout ne commence pas avec le pétrole : pendant plus d'un siècle, la richesse principale de la région demeure la culture de la perle, renommée mondialement pour sa qualité. Puis ce commerce s'est étiolé jusqu'au coup fatal porté par l'avènement des perles de culture produites par le Japon. Les Trente Glorieuses changent la donne. Sous la pression des pays occidentaux, en pleine expansion industrielle, donc paniqués à l'idée d'une rupture des approvisionnements en pétrole et gaz naturel, l'intensification des recherches de gisements d'hydrocarbures conduit à la découverte d'un *jackpot*... avec une conséquence géopolitique essentielle.

Le pétrole a permis la consolidation de ces fragiles entités politiques que sont les pétromonarchies du Golfe. La recherche puis l'exploitation de gisements d'hydrocarbures ont entraîné l'affirmation de la notion de frontière, terrestre ou maritime, dans une région qui n'avait jamais connu jusqu'alors de frontière précise.[3]

---

3. André Bourgey, « L'Histoire des Émirats Arabes du Golfe », revue *Hérodote*, 2009/2, n°133.

En 1960, les Britanniques découvrent le premier grand gisement pétrolier dans ce qui, onze ans plus tard, deviendra les Émirats Arabes Unis. En 2020, on estimait que le pays comprenait 6 % des réserves mondiales de pétrole, contre 2 % pour le Qatar.

Dans les années 1970, au moment de leur indépendance, les ÉAU profitent des chocs pétroliers pour accroître de façon spectaculaire leurs revenus et engager le développement du pays. La région n'en reste pas moins propice aux conflits. Ainsi, lors de la guerre entre l'Iran et l'Irak (1980-1988), les Émirats et l'Arabie Saoudite soutiennent Saddam Hussein contre l'Iran des mollahs. Il faut donc attendre les années 1990 pour que les ÉAU s'engagent dans un programme de développement plus vaste, anticipant sur l'après-pétrole grâce à une diversification planifiée de l'économie.

Après l'indépendance, l'urgence était d'assurer la stabilité politique, économique et sociale ; vingt ans plus tard, il faut penser le développement en profondeur.

2. De la vision à la ville-miracle

Pour anticiper la diminution de la rente des hydrocarbures, il faut planifier la diversification de l'économie, ainsi que le synthétise Philippe Boulanger.

La montée en puissance des Émirats Arabes Unis s'est accélérée depuis les années 1990. Elle apparaît dans tous les domaines, d'ordre politique par la recherche de la stabilité de la monarchie absolue, d'ordre économique et urbain en attirant les investissements participant à la construction de nouveaux pôles ancrés dans la mondialisation des échanges, d'ordre socioculturel en donnant un niveau de vie aux Émiriens équivalent, voire supérieur, à celui des pays les plus développés au monde.[4]

En 2006, deux ans avant les Qatari, le cheikh Mohamed ben Zayed Al Nahyan lance un grand programme de développement, l'Abu Dhabi Economic Vision 2030. L'objectif ?

---

4. https://www.persee.fr/doc/bagf_0004-5322_2012_num_89_1_8249

Le progrès économique de l'Émirat à travers la mise en place d'un cadre commun alignant toutes les politiques et tous les plans et impliquant pleinement le secteur privé dans leur mise en œuvre.

1. Procéder à une évaluation exhaustive des facteurs clés de la croissance économique.

2. Créer une vision économique globale à long terme, avec des objectifs explicites, pour guider l'évolution de l'économie d'Abu Dhabi jusqu'en 2030. L'année 2030 représente une étape importante pour l'Émirat d'Abu Dhabi. Les hypothèses de croissance de référence révèlent qu'Abu Dhabi pourrait atteindre des niveaux de diversification économique tangibles d'ici là.[5]

La priorité de l'émirat, face au risque de pénurie de la manne pétrolière et gazière, est de proposer un modèle de développement économique pérenne. Celui-ci comprend sept étapes :

- instauration d'un marché intégré, efficace, et ouvert dans le pays ;
- mise en place de règles fiscales adaptées à l'économie ;
- installation d'un système monétaire et financier favorable à l'investissement ;
- soutien au marché du travail et mise en place d'une politique d'immigration favorable, adaptée aux besoins à venir ;

____

5. https://www.actvet.gov.ae/en/Media/Lists/ELibraryLD/economic-vision-2030-full-versionEn.pdf

- formation de la main d'œuvre et renforcement de l'attrac-
tivité pour les cerveaux et travailleurs qualifiés ;
- développement des infrastructures ; et
- étayage des marchés financiers.

Dans cette septuple perspective, l'articulation entre les secteurs privé et public doit permettre
- de doper le secteur privé et la concurrence,
- d'enraciner une économie durable en toute transparence,
- d'accroître les relations internationales et les échanges avec le plus grand nombre de pays possible,
- de soutenir une éducation de qualité, notamment en amenant aux Émirats les campus universitaires les plus prestigieux du monde, ainsi que
- d'accentuer la lutte incessante pour la sécurité du pays et le maintien des valeurs traditionnelles, de la culture et de son héritage.

Parmi les plus belles réussites économiques devenues des outils de *soft power* ultrapuissants, il faut citer la ville de Dubaï, l'autorité de Dubai Port World, troisième exploitant portuaire mondial, et les compagnies aériennes Etihad et Emirates. Ces trois éléments sont consubstantiellement liés. Pourtant, rien ne prédestinait la ville à un tel développement... sinon son sous-sol. Dirigée depuis la fin du xixe siècle par la famille Maktoum, Bani Yas d'origine, Dubaï s'est d'abord spécialisée dans la culture de la perle. Dès les années 1960, l'émir Maktoum aspire à offrir à ses habitants une ville moderne grâce aux premiers champs de gaz découverts sur place. Puis a fleuri l'idée de créer une cité-État, à l'instar de Hong Kong ou de Singapour, à partir d'un petit village de pêcheurs.

Le succès est au rendez-vous. La ville est passée de quelques centaines de milliers d'habitants dans les années 1970 à près de trois millions aujourd'hui. Sur ses quatre milles kilomètres carrés, les tours poussent, et poussent même très haut : la tour Burj Khalifa culmine à 838 mètres, formant, on l'a signalé, la plus haute structure humaine jamais construite. Dans les années 2000, pour ceux qui en ont les moyens, elle est devenue une destination touristique très appréciée pour sa démesure et son surréalisme, et la vitrine officielle des ÉAU. Verte, bleue, avec des allures de Central Park, elle se dote de parcs de loisirs uniques au monde comme Palm Islands et The World, d'hôtels plus incroyables les uns que les autres (tel le Burj el Arab), de centres commerciaux proposant les marques les plus prestigieuses au monde et d'une police circulant en voitures de luxe.

Prêtons-y attention : Dubaï ne se réduit pas à de la poudre aux yeux. Son aéroport international a été inauguré en 1979. Depuis, il est devenu l'un des plus gros *hubs* du monde en termes de trafic. La compagnie Emirates est l'une des plus prestigieuses compagnies aériennes au monde. Très vite, Rachid Ben Saeed Al-Maktoum a compris que, pour promouvoir sa ville nouvelle dans le monde, il faudrait amener le monde à elle. Pour cela, il convenait d'offrir aux touristes mondiaux une compagnie aérienne prestigieuse qui transforme Dubaï en *hub* planétaire et qui, sur le chemin des longs courriers, leur propose une escale de prestige dans les Emirats. Dès 1985, la compagnie Emirates naît de ces impératifs, alors que Dubaï n'est pas encore une ville mondiale. Aujourd'hui, la compagnie est la plus importante du Moyen-Orient et la première des Émirats, devant Etihad – basée, elle, à Abu Dhabi, un sérieux concurrent. En 2013, Emirates a transporté 43 millions de passagers sur plus de 400 destinations dans le monde.

En sus du trafic aérien, Dubaï est devenu un lieu incontournable du trafic maritime mondial de marchandises et d'hydrocarbures. Son port, Jebel Ali, est unique au monde. Construit dans les années 1970, il voit transiter sur ses quais le travail de plus de 5000 entreprises enregistrées dans 120 pays. C'est le plus grand port construit de la main de l'homme et le 9e au monde en termes de trafic : un million de mètres cubes de containers chaque année. Dubai Port World (DPW), issu d'une fusion entre la Dubai Port Authority et son extension internationale DPI Terminals, est devenu une référence en la matière et gère désormais de nombreux ports dans le monde.

En 2016, DPW revendiquait un chiffre d'affaires de plus de 4 milliards de dollars, et pointait au troisième rang des exploitants portuaires grâce à la cinquantaine de terminaux d'approvisionnement maritime sous sa coupe en Afrique, en Europe, au Royaume-Uni, au Canada, en Chine, en Russie et dans l'Océanie... Seul (ou presque), le port de New York lui a échappé en 2006. Officiellement, furent invoquées des raisons de sécurité. Haouas Taguia, chercheur à l'Al Jazeera Center for Studies, tend à penser que la raison de cet échec serait sans doute à chercher du côté d'une autre spécialité de Dubaï : le blanchiment.

3. Du détournement à l'affaire de Croÿ

Paradis fiscal pour les uns, émirat aux pratiques financières peu transparentes pour les autres : Dubaï est à tout le moins un haut lieu de la banque mondiale où certains pratiques interrogent. Nous en évoquerons trois : la traçabilité des flux, la spéculation immobilière et le blanchiment d'argent.

Le premier point est tristement illustré par le blanchiment des fonds versés par la communauté internationale afin d'aider des pays en crise qui peinent à se relever. C'est le cas de la « gabegie dramatique » qui s'est abattue sur l'Afghanistan : ainsi la désignait Gilles Dorronsoro dans un entretien qu'il m'a accordé en mai 2021. Beaucoup d'élites corrompues ont détourné les montants colossaux versés par l'aide internationale pour lutter contre les talibans et rétablir l'État de droit. Direction de ces tombereaux de dollars : Dubaï et son maquis de comptes discrets. Résultat, tandis que Kaboul est livrée aux talibans et à Daech, Dubaï se gorge des financements censés aider à lutter contre ces enragés.

Dans une étude de Brian George, publiée par le Carnegie Endowment for International Peace, l'auteur explique comment, pendant deux décennies, des milliards de dollars sont passés d'un pays à l'autre sans que les ÉAU y voient quelque chose à redire. Or,

> ces sorties ont joué un rôle dans le ralentissement du développement économique et politique de l'Afghanistan, facilitant la résurgence des talibans et exacerbant l'instabilité régionale. Ils ont aussi largement annulé les effets des sommes énormes d'aide au développement et des fonds de stabilisation dépensés par la communauté internationale en Afghanistan. Ces observations critiques sont attestées par la multitude d'affaires de financement illicite et de rapports crédibles qui mettent en évidence la pollinisation croisée de la criminalité entre l'Afghanistan et Dubaï. Il n'y a peut-être aucun cas qui illustre mieux ces liens que le fameux scandale de la Kabul Bank.

En quelques mots, rappelons cette histoire sordide. En août 2010, les dirigeants de la banque et une poignée d'hommes politiques sont accusés d'avoir détourné près d'un milliard de dollars par le biais de plans de prêts frauduleux. Des exemples patents sont restés célèbres, comme le cas emblématique d'Ahmad Zia Massoud, vice-président afghan en 2009, arrêté à Dubaï avec la bagatelle de 52 millions de dollars en liquide sur lui[6]. Une décennie plus tard, de timides efforts de recouvrement ont laissé s'évaporer des centaines de millions de dollars à la fois dans la nature, grâce à la corruption, et dans la ville, car une partie de ces fortunes a servi à acquérir des actifs immobiliers, notamment à Dubaï.

Pourtant, l'ignominie couvait depuis plusieurs décennies, rappelle Brian George dans son rapport.

À la fin des années 1990, le service qui s'occupait des transferts d'argent entre la Russie, l'Asie centrale et l'Afghanistan, et les autorités russes ont commencé à soupçonner qu'il s'agissait d'un stratagème de blanchiment d'argent – un fait inconnu des autorités afghanes – lorsqu'un nouvel intermédiaire nommé Farnood a obtenu la licence bancaire de la Kabul Bank. Farnood a fui la Russie mais, conscient des opportunités de Dubaï, il y a créé sa société de commerce général vers 1996. En 1998, il a obtenu une licence de change auprès de la Banque centrale des ÉAU. Avec l'aide d'une poignée d'employés, Farnood s'est rapidement imposé comme l'un des principaux canaux financiers de la région entre l'Afghanistan et Dubaï.

Dans les années qui ont suivi l'aventure de la communauté internationale en Afghanistan en 2001, Farmood et d'autres ont compris tout le bénéfice qu'ils pouvaient tirer

---

6. https://www.theguardian.com/world/2010/dec/02/wikileaks-elite-afghans-millions-cash

3. Du détournement à l'affaire de Croÿ

de la précipitation confuse à moderniser l'infrastructure et l'économie de l'Afghanistan. (...) [Il y a fort à parier que Farmood] ait voulu, d'une part, emprunter (en d'autres termes, détourner) de l'argent à des déposants malheureux puis l'investir dans l'immobilier à Dubaï, et, d'autre part, blanchir les gains mal acquis de clients corrompus et de haut niveau.[7]

De son côté, le lien entre spéculation immobilière et actifs bancaires toxiques a eu des conséquences plus locales mais non moins spectaculaires, freinant même le développement jusque-là irrésistible de la ville. En effet, la crise des prêts immobiliers a eu des répercussions très concrètes. Par exemple, la construction des tours du Burj Dubaï et du Burj Khalifa, aujourd'hui iconiques, s'est un temps arrêtée, faute d'argent... qu'il a fallu solliciter à Abu Dhabi. Les banques ont perdu des milliards dans de mauvais placements situés au départ aux États-Unis. Comment en est-on arrivé là ?

Le système bancaire de Dubaï est très connecté au système international. Longtemps, il n'a été intéressé que par un actif : l'immobilier. Or, cette obsession peut subir un *krach* à tout moment. En 2008, dans le *New York Times*, Robert F. Worth a expliqué le mécanisme.

Les banques prêtent moins, et les finances des entreprises comme les projets de construction s'en

---

7. https://carnegieendowment.org/2020/07/07/kabul-to-dubai-pipeline-lessons-learned-from-kabul-bank-scandal-pub-82189

ressentent. Le prix du brut a chuté [le 8 octobre, le baril frôlait les 80 dollars à Londres]. Les places boursières de la région sont en baisse depuis juin [et en chute libre ces derniers jours : depuis le 5 octobre, la Bourse de Dubaï a perdu un quart de sa valeur, à cause notamment de la dégringolade des valeurs immobilières].

Le 22 septembre, après avoir répété à l'envi que la région du Golfe, grâce à ses richesses pétrolières, était à l'abri de la crise financière étrangère, la Banque centrale des Émirats Arabes Unis a débloqué 13,6 milliards de dollars pour soutenir le marché du crédit, faisant écho aux mesures de sauvetage adoptées aux États-Unis. Mais certains banquiers disent déjà que cela ne suffira pas. (...)

Certains des projets les plus extravagants – les énormes centres commerciaux, îles et autres stations de ski en intérieur – risquent d'être abandonnés s'ils n'ont pas déjà trouvé leur financement. La crise du crédit pourrait également mettre un frein à la demande car les candidats à l'acquisition vont avoir de plus en plus de mal à obtenir un prêt.

Ce ralentissement sera encore plus fort si la situation s'aggrave en Occident. Les prix de l'immobilier à la vente et à la location, qui étaient restés stables jusqu'à présent, devraient bientôt commencer à baisser. Parallèlement, la confiance des investisseurs

3. Du détournement à l'affaire de Croÿ

a été entamée par une longue succession de scandales dans le monde des affaires, compromettant les rêves de Dubaï de devenir la capitale financière de la région.[8]

En 2008, le volume de crédit de la ville croissait de 49% par an. Les dépôts ne suivaient pas. L'économie de l'immobilier allait donc bon train mais menaçait de s'effondrer, et l'intensification des affaires contractées, des bâtiments qui devaient pousser du sable, tout cela a facilité le développement de spéculateurs peu scrupuleux. Emprunts, vente avant même la construction, culbute par deux ou trois parfois en quelques mois : l'argent investi, reçu sans contrôle, a contribué à accentuer la corruption, les pots-de-vin, les malversations et les scandales financiers.

Les dépenses engagées depuis des années dans plusieurs secteurs clés avaient un coût que Dubaï ne pouvait plus supporter au moment de la crise. Il a donc fallu rééchelonner la dette contractée par DP World et par Nakheel, filiale d'investissement immobilier, puis solliciter auprès d'Abu Dhabi un prêt de dix milliards de dollars. Cette fragilisation financière et morale de Dubaï ouvre un boulevard à Mohamed ben Zayed. Le clan Maktoum a joué avec le feu et s'est brûlé. Pour rassurer alliés et investisseurs internationaux, il était temps d'imposer un contre-

---

8. https://www.courrierinternational.com/article/2008/10/08/dubai-la-bulle-immobiliere-menace-d-exploser

modèle moins libéral, plus traditionnel et plus sécuritaire tant dans son système de protection que dans son système économique et bancaire. Toutefois, un système bancaire moins risqué n'est pas *ipso facto* un système bancaire sain.

En témoigne – c'est le troisième volet de ce chapitre – l'affaire des « Dubai papers » qui secoue la ville en mai 2018. Une fuite met en lumière Hélin, une société domiciliée à Dubaï et dirigée par le prince Henri de Croÿ. L'homme gère la fortune de centaines de sociétés et de personnalités. Les documents révèlent l'existence de dizaines de milliers de comptes cachés depuis des années et détenus, en propre ou *via* un système d'intermédiaires, par des footballeurs et des oligarques russes, afin de profiter d'une optimisation fiscale utile aux heureux propriétaires de dizaines de millions d'euros. Henri de Croÿ, déjà poursuivi pour fraude fiscale, aurait ainsi contribué à faire s'évaporer près de 84 millions de dollars. L'État belge s'est porté partie civile, mais l'affaire illustre les circuits parallèles financiers dubaïotes, visant à attirer et absorber au plus vite les capitaux venus du monde entier selon diverses astuces telles que

- la création de sociétés *off shore*,
- la circulation de *cash* sans restriction de montants à l'arrivée aux ÉAU,
- l'émission de fausses factures et
- la multiplication des sociétés-écran depuis l'Europe.

3. Du détournement à l'affaire de Croÿ

Les ÉAU et Dubaï sont-ils un paradis fiscal ? Il semblerait que oui mais, pour pousser plus loin en termes de fiscalité, c'est bien Dubaï qui, pour son propre développement, a institutionnalisé le système. L'État était faible mais riche, d'où la nécessité d'encourager les investissements par différentes incitations comme

- la délivrance facilitée de permis de séjour,
- la multiplication des zones franches avec fiscalité plancher,
- l'absence d'impôts, surtout sur la fortune, et
- l'absence de charges sociales.

Beaucoup d'éléments font penser aux deux critères discriminants, selon l'OCDE, pour définir un paradis fiscal, telle que la fiscalité nulle et le faible contrôle des capitaux entrants. Comme l'explique Sofia Farhat,

> même si, en théorie, les ÉAU sont signataires de normes de l'OCDE pour lutter contre la fraude fiscale et le blanchiment d'argent telles que la Base Erosion and Profit Shifting (BEPS) et le Common Reporting System (CRS), en pratique, de nombreuses sociétés arrivent à échapper à un contrôle concret de leurs activités et se réfugient dans un environnement fiscal qui les arrange...[9]

---

9. https://www.opinion-internationale.com/2019/05/08/retour-des-Émirats Arabes-Unis-sur-la-liste-noire-des-paradis-fiscaux-de-lue-quelles-raisons-et-quelles-perspectives_61069.html

Depuis l'affaire de Croÿ, rien n'a changé. Les Émirats sont revenus sur la liste noire des paradis fiscaux de l'Union européenne, aux côtés de huit autres pays ; et, depuis, régulièrement, il fait des allers-retours entre liste grise et liste noire.

4. De l'armement au *land grabbing*

Rien de dramatique pour Dubaï car, à ses yeux, les pays de l'Union européenne ne sont pas la priorité des priorités. Celle-ci pointe volontiers les plus gros clients, plus gros marchés, plus gros potentiels : l'Inde, le Pakistan et la Chine. Mais, si la ville s'intéresse au monde, le monde s'intéresse aussi à elle. En 2018, on estime que plus de 163 nationalités ont investi dans la ville un montant total de 162 milliards de dollars dans l'immobilier. Cette année-là, « le Dubai Land Department, a dévoilé que 39 802 transactions avaient été enregistrées au cours de la période, dont 25 473 ventes d'une valeur de plus de 56,6 milliards d'AED [dirham des Émirats, valant un peu plus de 0,2 €], environ 11 000 opérations hypothécaires d'une valeur de plus de 86 milliards d'AED et 3 486 autres transactions d'une valeur de 19,3 milliards d'AED [soit un *deal* moyen à plus de 5,5 millions d'AED, soit environ 1,2 million d'euros]. » La répartition des négociants était la suivante.

Les investisseurs indiens ont représenté le plus grand socle par nationalité avec 4 676 investissements d'une valeur de 8,6 milliards d'AED, proche des investisseurs émiratis avec 4 112 investissements d'une valeur de 9,4 milliards d'AED. Les investisseurs saoudiens se sont classés en 3e position avec 1 882 investissements d'une valeur de 3 milliards d'AED, suivis par les Pakistanais avec 1 851 investissements d'une valeur de 2,3 milliards d'AED. Les résidents britanniques se sont classés en 5e position avec 1 761 investissements d'une valeur de 3,4 milliards d'AED, le top 10 étant complété par les Chinois, les Égyptiens, les Jordaniens, les Canadiens et les Russes.[10]

Craignant néanmoins de voir pointer les prémices d'une crise, Dubaï a assoupli encore un peu plus ses lois. La ville permet désormais aux investisseurs étrangers de détenir l'intégralité du capital d'une société basée aux ÉAU. Jusqu'en 2018, le pays hôte devait rester propriétaire de 51% du capital. À en croire certains journalistes, Dubaï se porte plutôt bien et a dopé l'investissement étranger majoritairement régional.

Selon les prévisions du Fonds monétaire international, la croissance économique des Émirats devrait encore ralentir en 2017, après être passée de 3 % en 2016 à 1,3 % en 2017. À Dubaï, les ventes dans le secteur de

____

10. https://www.thefirstgroup.com/fr/news/investors-commit-441bn-to-dubai-s-property-market-in-2018/

l'immobilier ont ralenti de 5 à 10 % en 2017. Mais Abu Dhabi peut compter sur sa popularité à l'international : en 2017, selon l'International Institute of Finance, le pays a bénéficié de 11 milliards de dollars d'investissement étranger direct, soit 22 % de plus qu'en 2016.[11]

Il faut un sens supérieur de l'équilibre pour ménager, d'un côté, les investisseurs en demande d'optimisation opaque, et, de l'autre côté, les pays alliés qui exigent, avec une fermeté variable, plus de transparence. Parmi ces amis figure la France, nation dont sont originaires près de 30 000 travailleurs sis à Dubaï, membre permanent du Conseil de Sécurité des Nations Unies... et très gros vendeur d'armes. Or, Abu Dhabi va damer le pion à Dubaï sur ce dernier point. Pour optimiser son aura militaire, il manque à cette ville de réussir son salon mondial de l'armement, autrement dit d'en faire la référence absolue en la matière avec la complicité de quelques-uns des plus grands marchands d'armes au monde tels que les États-Unis, la France et la Grande-Bretagne[12].

Créé en 1993 à Abu Dhabi, c'est-à-dire bien avant le développement économique explosif de Dubaï des années 2000, le salon IDEX semble *a posteriori* révéler le tropisme militaire du grand homme d'Abu Dhabi, à l'époque, qui était également ministre de la Défense et vice premier ministre : Mohamed

---

11. https://www.capital.fr/economie-politique/investisseurs-etrangers-loperation-seduction-des-Émirats Arabes Unis-1288999
12. https://www.amnesty.fr/controle-des-armes/actualites/les-cinq-plus-grands-marchands-darmes-mondiaux

4. De l'armement au land grabbing

ben Zayed. Mieux, ce salon traduit une volonté de puissance certes pas innocente dans le contexte de la seconde guerre du Golfe. Après l'invasion du Koweït par l'Irak, l'ensemble des pays du Conseil de coopération du Golfe prennent conscience qu'ils doivent renforcer leur capacité de défense. L'Arabie Saoudite, le Koweït, Oman, Bahreïn et les ÉAU achètent donc des quantités d'armement faramineuses.

En tant que chef d'état-major, MBZ avance ses pions. Sous sa férule, Abu Dhabi devient une plateforme aéroportuaire, portuaire, militaire et commerciale. Pour le tacticien, lier le militaire et l'économique constitue le meilleur moyen de réduire l'influence des autres Émirats plus discrets, et de prendre le dessus sur Dubaï, notamment grâce au OFFSET program, mis en place dès la fin des années 1980. Le projet : que les contrats de défense s'accompagnent d'un investissement concentré dans l'économie de l'émirat d'Abu Dhabi. Comme le détaille un expert du Middle East Policy Council, le programme de compensation des ÉAU a été créé à la suite de la modernisation des forces armées. Cela nécessitait l'acquisition de systèmes de défense sophistiqués utilisant une main-d'œuvre limitée. Le financement considérable requis pour l'achat de systèmes d'armes modernes posait un dilemme aux décideurs : les dépenses en matière de défense devraient-elles être entreprises aux dépens de la redistribution de la richesse nationale et du développement du pays ?

Le programme de compensation des ÉAU a donc été conçu pour tirer parti de la vive concurrence qui règne au sein de l'industrie de la défense afin d'atteindre les deux objectifs, de restructurer ses forces armées et de mettre en place un programme de compensation conforme à la stratégie économique globale du gouvernement. Cette stratégie utilise les attributs positifs des Émirats Arabes Unis – sa situation géographique, ses infrastructures, ses marchés de capitaux liquides et ses vastes réserves de pétrole et de gaz – pour redistribuer la richesse aux citoyens des Émirats Arabes Unis, créer de la valeur ajoutée pour l'économie, renforcer la compétitivité et encourager les échanges stratégiques. L'obligation de compensation des fournisseurs étrangers est fixée à 60% de la valeur du contrat d'achat.

Rapidement, les grands groupes rencontrent des difficultés. Le programme OFFSET incite les sociétés multinationales à rechercher des opportunités d'affaires et les partenaires locaux du secteur privé dans des domaines allant des services technologiques aux soins de santé en passant par l'énergie solaire et la construction navale. En conséquence, un « flux de transactions » cohérent de plusieurs centaines de projets a été créé. Une source bien informée de l'époque, qui travaillait pour le compte des Émiratis, nous a récemment confié, sous couvert d'anonymat :

les 60 % de compensation portant sur des dizaines de milliards d'achats d'armements annuels devaient revenir à Abu Dhabi ; mais comment injecter autant

4. De l'armement au land grabbing

d'argent ? Tous les grands de l'armement ont dû créer des bureaux spéciaux avec le recrutement des ingénieurs, des spécialistes de l'investissement et des montages financiers, des *project managers* dédiés qui s'échinaient à trouver des projets de développement à financer pour écouler les flux financiers démesurés. Rapidement, Dassault ou Boeing, pour ne citer qu'eux, se sont retrouvés en panne de projets.

Contrairement à Dubaï, qui avait une stratégie de développement, Abu Dhabi s'est développée à la fois dans l'urgence, dans la démesure et dans la nécessité impérieuse de dépenser du *cash* pour construire. Aussi étrange que cela puisse paraître, les tentatives de certains experts ou proches conseillers de l'époque des autorités d'élargir la loi aux autres émirats se sont soldées par un échec tant l'obstination de MBZ de faire d'Abu Dhabi le nouveau Dubaï était forte.

On ne savait plus quoi faire, quoi dépenser, quels projets proposer. On avait du pétrole mais de moins en moins d'idées. Des groupes qui ne parvenaient pas à trouver de projets suffisamment bons pour absorber autant de milliards et qui continuaient à vendre des armes à Abu Dhabi préféraient même parfois violer la règle et subir des pénalités et des amendes. Certains pays comme les États-Unis, la France, l'Allemagne ou la Grande-Bretagne se sont retrouvés dans une position très critique dans les années 2010 et ne craignaient qu'une chose : se retrouver en litige et en procès avec les ÉAU, parmi leurs meilleurs clients du moment.

Les critiques n'y peuvent mais : MBZ tient mordicus à utiliser l'achat d'armement pour consolider son pouvoir sur son émirat. D'où la volonté profonde du raïs d'agrandir le rayonnement géopolitique des ÉAU, notamment *via* la création de l'ECSSR, l'Emirates Center for Strategic and Security Studies, que l'obsession sécuritaire finira par gangréner. Or, pour développer Abu Dhabi, MBZ parie très tôt sur l'écologie, convaincu de l'importance croissante que l'« économie verte » allait prendre à mesure que les énergies fossiles se raréfieraient.

Dès 2009, Abu Dhabi investit les champs des écovillages, des transports en commun verts, des bâtiments écologiques, de la réduction des automobiles en circulation, des nouvelles normes pour verdir les chantiers immobiliers, etc.[13] Le cœur du projet est le *business*. Pour preuve, dix ans plus tard, l'émirat est devenu spécialiste du *land grabbing* afin de mettre la main sur les métaux rares indispensables à l'économie verte. Au point de susciter des inquiétudes, dont *Le Point* s'est fait l'écho :

> De nombreuses entreprises chinoises et émiraties spolient-elles les ressources minérales terrestres de certains pays d'Afrique en toute impunité ? Dans une

---

13. https://www.lemonde.fr/planete/article/2009/06/03/comment-abu-dhabi-va-devenir-une-ville-durable_1201682_3244.html

4. De l'armement au land grabbing

dépêche parue le 24 avril 2019, l'agence Reuters affirme que des milliards de dollars d'or et d'autres ressources minérales sont exportés en contrebande d'Afrique en direction des Émirats Arabes Unis et de la Chine.

L'agence de presse britannique va plus loin, en affirmant que ce commerce, particulièrement lucratif, quoique parfaitement illégal, alimenterait certains conflits – dont celui qui tue des dizaines de milliers de Yéménites depuis 2015. Il violerait les droits humains et mettrait en péril l'environnement des pays dans lesquels ces ressources sont extraites dans l'irrespect total des règles internationales du commerce et du droit international.[14]

Ainsi apparaissent certains aspects glissants du développement d'un îlot libéral vers un pays expansionniste, autoritaire, militarisé, prêt à tout pour conquérir le monde. L'État, modeste, n'est pas exempt de crises ou de désillusions ; toutefois, il se développe militairement et économiquement, pour évoluer petit à petit vers un régime prédateur au nom de son intégrité et de sa survie, évoquant aux spécialistes différents modèles historiques comme

- Sparte, l'une des plus puissantes cités-empires de l'empire grec, marquée, comme les Émirats par la

---

14. https://www.lepoint.fr/afrique/or-diamants-terres-rares-la-ruee-pre-datrice-vers-l-afrique-08-08-2019-2328983_3826.php

confiscation du pouvoir par une minorité, et par un penchant très net pour la chose militaire ; et

• Venise, dont les ÉAU se rapprochent par l'importance comparable de la religion, du commerce et de l'armement dans son développement.

Désormais, pour les Émirats, les Émirats ne suffisent pas : leur développement économique, militaire et politique a assez aiguisé leur appétit pour qu'ils envisagent de partir à la conquête du monde – spécifiquement du monde arabe, dans un premier temps.

5. De l'émissaire à l'allié

En 2019, Mohamed ben Zayed est intronisé parmi les cent personnalités les plus influentes du monde. Il est aussi probablement l'une des plus riches de la planète grâce au fonds souverain d'Abu Dhabi. Son importance a crû en parallèle de celle des Émirats. Rien de ce qu'est devenue la Fédération depuis vingt ans n'est totalement étranger à Mohamed ben Zayed ; et, ces cinq dernières années, le choix de l'autoritarisme a conforté son statut. Pour Armin Arefi journaliste au *Point*, MBZ est « le nouveau chef du Moyen-Orient ». En effet, « le prince héritier Mohammed ben Zayed, alias MBZ, homme fort et interlocuteur privilégié de la Maison-Blanche, remodèle le monde arabe. »[15] Il a su avoir l'oreille attentive des États-Unis du temps de Donald Trump, et il est très proche de son allié saoudien. États-Unis, Arabie saoudite et Émirats Arabes

---

15. https://www.lepoint.fr/monde/emirats-mbz-nouveau-chef-du-moy-en-orient-20-09-2019-2336823_24.php

Unis se retrouvent au moins sur trois dossiers fondamentaux pour le monde en général et le monde arabe en particulier :

- l'Iran,
- les Frères musulmans, et
- la question israélo-palestinienne.

Comme Nasser, Saddam Hussein et Mouammar Kadhafi, MBZ voit le monde arabe avec les yeux du militaire qu'il est. Fils de Zayed Ben Sultan Al Nahyane, fondateur des ÉAU, MBZ nage dans les eaux profondes de la politique émiratie depuis très longtemps. Rapidement tourné vers l'international, il s'est fait remarquer par les Américains au moment de l'invasion du Koweït par l'Irak en août 1990, quand il se rend à Washington pour négocier l'achat massif d'armes en qualité de ministre de la Défense d'Abu Dhabi et commandant en chef adjoint des forces armées émiraties – très faibles, à l'époque. Le jeune MBZ, formé comme pilote d'hélicoptère par les Britanniques à l'Académie royale militaire de Sandhurst, séduit ses interlocuteurs.

Le Pentagone, cherchant à cultiver des alliés accommodants dans le Golfe, avait vu en lui un partenaire prometteur. Fils préféré de ce Bédouin presque illettré qui a fondé les Émirats Arabes Unis, Mohammed ben Zayed était un type sérieux, pilote d'hélicoptère formé par les Britanniques, qui avait persuadé son père de transférer 4 milliards de dollars au Trésor des États-Unis pour les aider à payer la guerre en Irak de 1991. Richard A. Clarke, alors Secrétaire d'État adjoint, avait tenu à rassurer les députés : le jeune prince « n'est pas et ne sera jamais une menace pour la stabilité ou la paix dans la région, avait-il témoigné devant le Congrès. C'est inimaginable. Je dirais même que son pays œuvre pour la paix. »[16]

L'homme paraît donc un allié sûr pour Washington, au point de pouvoir réclamer, dès 2001, que la Maison-Blanche bombarde le siège afghan de la chaîne Al Jazeera avant l'invasion de l'Afghanistan, afin d'en finir avec ce qu'il considère comme de la désinformation qatarie – c'est l'une des découvertes permises en 2017 par les Wikileaks. La demande a été suivie d'effet à Kaboul, en novembre 2001, et semble avoir été renouvelée en 2003 avec les bureaux irakiens du média. Incontestablement, MBZ sait construire son réseau en s'appuyant sur son charisme et sur la stabilité de son pays, qu'il présente comme le principal agent de lutte contre le terrorisme au Moyen-Orient. Il a reçu pléthore de décorations un peu partout dans le monde, probablement pour bons et loyaux services rendus, toujours au nom de l'intérêt général... Ainsi en Allemagne a-t-il été fait grand-croix de l'Ordre du Mérite de la RFA, en Espagne le Grand Cordon de l'Ordre du Mérite civil, en France la grand-croix de l'Ordre National du Mérite ; d'autres distinctions lui ont été décernées en Corée du Sud, en Jordanie, au Kosovo, au Koweït, en Malaisie, au

---

16. https://www.nytimes.com/2019/06/02/world/middleeast/crown-prince-mohammed-bin-zayed.html, article du 20 juin 2019

Maroc, en Palestine ; enfin, au Royaume Uni, cet homme à l'évidence exceptionnel a été fait Chevalier de la grand-croix de l'Ordre de Saint Michel et de Saint George.

Pourtant, il a dû attendre d'avoir 53 ans pour connaître son heure de gloire. En 2014, il devient prince héritier du pays. L'époque est troublée. MBZ doit au plus vite renforcer ses alliances outre-Atlantique afin de consolider sa fédération en dépit des secousses ressenties après les printemps arabes. Il faut se dépêcher. Barack Obama a annoncé son souhait de se retirer progressivement de la région. L'Arabie Saoudite est en difficulté à cause de la chute du prix du baril de brut. Si le président américain met sa promesse à exécution, MBZ a un boulevard pour imposer les ÉAU comme l'interlocuteur local privilégié du géant nord-américain.

Proactif, l'émir est aussi rusé : sentant le vent tourner en faveur du candidat Donald Trump, il tente de s'imposer, emmenant avec lui son protégé, le jeune Mohamed ben Salmane d'Arabie Saoudite. Plusieurs réunions secrètes ont lieu entre les proches de MBZ et l'équipe de campagne de Donald Trump. Il fait le tampon avec l'ancien monde post-Obama et le nouveau qui se dessinera avec celui qui deviendra le prochain président américain. Qui de tous les dirigeants arabes de poids, hormis MBZ, peut se targuer d'autant d'années d'expérience, d'être toujours là depuis 2011 malgré la conjoncture, et d'être celui sur lequel il faut compter pour ce nouveau monde arabe en construction ? Personne.

Alors, à coups de réunions secrètes avec Donald Trump Jr et des hommes d'affaire américains, libanais et israéliens, l'émir place ses pions avec un objectif, selon l'analyse de Majed Al Ansari, chercheur qatari :

> L'Arabie Saoudite et les ÉAU ont cru pouvoir acheter sur le long terme l'administration américaine. Kushner et Trump pouvaient y être sensibles car ils faisaient déjà des affaires dans les pays du Quartet comme au Qatar. À la différence du Qatar, qui n'a pas voulu entrer dans ce jeu malsain, Riyad et Abu Dhabi n'ont marqué des points qu'à court terme. Cela est aussi dû à la spécificité de l'administration américaine et aux pouvoirs du Président des États-Unis : ce dernier peut révoquer un de ses conseillers dans l'heure s'il ne lui plaît plus. Après que Steve Bannon et Michaël Cohen ont été écartés, la pression à l'égard du Qatar a largement diminué de sa part. C'est bien la preuve que ces deux conseillers agissaient pour le compte de l'intérêt de l'Arabie Saoudite et des ÉAU.

Cabbales, pressions et lobbying anti-Qatar se multiplient avec un triple objectif :

- sanctuariser l'influence des ÉAU dans les arcanes du pouvoir,
- limiter la menace islamiste portée par les Frères musulmans, et
- contenir l'inclination démocratique qu'Abu Dhabi ne voit pas d'un bon œil.

Washington n'est pas dupe mais ne perd pas de vue son propre intérêt, patent, qui consiste à contrôler son principal allié dans la région afin de s'assurer de la stabilité d'une zone toujours en ébullition. Déception pour les Américains : très vite, MBZ se met à prendre des libertés avec la ligne états-unienne en s'appuyant sur son allié et protégé, Mohamed ben Salmane.

6. De l'alliance au blocus

Mohamed ben Salmane est l'atout anti-terroriste que Mohamed ben Zayed réussit à imposer à la Maison Blanche au détriment de l'ancien favori écarté en juin 2017, Mohamed ben Nayef ben Abdulaziz Al Saoud. MBN était l'homme des Américains depuis les attentats du 11 septembre 2001 et le déclenchement de la lutte contre le terrorisme de George W. Bush. Mais son sort s'est noué le 23 janvier 2015, à la mort du roi Abdallah ben Abdulaziz Al Saoud. Salman ben Abdulaziz Al Saoud, son demi-frère, accède au trône. Mohammed ben Salmane a 29 ans. Il est ministre, conseiller de son père... et inconnu à Washington. Néanmoins, grâce au soutien du roi, il cumule en un temps record plusieurs casquettes d'une remarquable diversité – chef du cabinet royal, ministre de la Défense, président d'un Conseil des affaires économiques et du développement... –, d'où son surnom de Mister Everything. Après avoir évincé deux concurrents, dont MBN, l'allié antiterroriste des États-Unis, officiellement pour raisons de santé, il devient prince héritier en titre.

En réalité, cette ascension doit beaucoup à MBZ qui a fait très tôt la promotion de MBS à Washington. En janvier 2017, un mois avant l'investiture de Trump, MBZ s'envole en secret pour New York. Il n'en informe pas le président américain sortant Barack Obama dont les collaborateurs n'ont appris sa venue que lorsque le nom de MBZ a été découvert sur un manifeste de vol. Selon un article du *Washington Post*[17], MBZ aurait rencontré le cercle restreint des conseillers de Donald Trump[18], à savoir Michael Flynn, l'éphémère conseiller à la sécurité nationale, poussé à la démission le 13 février 2017 pour ses liens suspects avec Moscou, Jared Kushner, le gendre et conseiller spécial du président avec lequel MBZ entretient depuis une relation étroite, et son « idéologue » Stephen Bannon quant à lui mis de côté le 18 août 2017. L'objectif principal de MBZ était d'offrir son entremise à la famille Trump. Le frère de MBZ, conseiller à la sécurité nationale des Émirats Arabes Unis, avait organisé une rencontre aux Seychelles entre Erik Prince, le fondateur de Blackwater, et un Russe proche de Vladimir Poutine. L'idée était d'établir une ligne de communication parallèle entre Moscou et le président élu Donald Trump, selon le *Washington Post*. Mais cette rencontre

---

17. https://www.washingtonpost.com/world/national-security/blackwater-founder-held-secret-seychelles-meeting-to-establish-trump-putin-back-channel/2017/04/03/95908a08-1648-11e7-ada0-1489b735b3a3_story.html
18. http://www.middleeasteye.net/fr/opinions/coup-Page80d-tat-royal-en-arabie-saoudite-la-suite-173511407

aurait également fait de MBZ l'homme à même de régler pour Trump les problèmes dans le Golfe.

Le 14 mars 2017, à la Maison Blanche, Donald Trump, qui a soutenu son avènement, rencontre un MBS présenté depuis plusieurs mois comme un réformateur impatient par Bloomberg[19] et *The Economist*[20]. « Nous avons placé notre homme au sommet »[21], aurait déclaré Trump à des amis, en juin 2017, quand le prince Mohammed ben Nayef a été évincé de la fonction de prince héritier au profit de Mohammed ben Salmane[22], satisfaisant Abu Dhabi et Washington.

Dans ce contexte, on comprend mieux que Donald Trump consacre son premier voyage officiel à l'Arabie Saoudite afin d'y affirmer trois objectifs :

- renforcer la relation avec ce pays,
- signer des contrats montant à cent dix milliards de dollars, et
- isoler plus fermement l'Iran, considéré comme « terroriste ».

Rencontre fructueuse pour les deux alliés qui n'ont eu cure, selon certains experts, du risque de conflit d'intérêts porté par un homme d'affaires devenu homme politique ! Or, ce rapprochement entre Arabie Saoudite et États-Unis

---

19. https://www.bloomberg.com/news/articles/2016-04-04/saudi-arabia-s-deputy-crown prince-outlines-plans-transcript
20. https://www.economist.com/middle-east-and-africa/2016/01/06/transcript-interview-with-muhammad-bin-salman
21. Michael Wolff, *Fire and Fury : Inside the Trump White House*, New York, Henry Holt and Company, 2018.
22. https://www.aljazeera.com/news/2018/01/put-man-top-trump-mbs-book-claims-180105124054629.html

6. De l'alliance au blocus

scellait aussi le rapprochement entre l'Arabie Saoudite et les ÉAU. Ce pas-de-deux entre voisins se noue vraiment quand l'Égypte de Nasser expulse les Frères musulmans de son pays. Les membres de cette confrérie se réfugient dans les pays du Golfe. À ce moment, les pays du Golfe manquent d'experts dans deux secteurs : l'éducation et la justice, spécialités des Frères. Ces derniers façonnent les deux secteurs dans toute la région. Parfois, le mariage entre wahhabisme et Frères musulmans a donné d'autres variantes. C'est le cas des courants Sahwa (« éveil ») qui oscillent entre conservatisme et politique. Sur le plan moral, ses militants prônent la purification ; sur le plan politique, ils tentent d'infléchir les régimes politiques et les constitutions vers plus de rigorisme.

En août 1990, l'invasion du Koweït par l'Irak crée un vent de panique. Les Frères musulmans apportent leur soutien à Saddam Hussein. Riyad vit cet appui comme une trahison, mais son attitude est tiraillée par la nécessité de préserver leur alliance avec la confrérie au nom de la stabilité au Yémen. Appliquant une politique pragmatique, l'Arabie Saoudite est capable de s'allier avec les groupes qui lui semblent utiles, même avec les Zaydites, pourtant chiites. Lors de la guerre du Dhofar de 1964 à 1976, le pays avait bien pactisé avec les communistes ! À force de compromis au nom du réalisme, les Saoudiens évitent d'être très regardants sur l'idéologie de ses partenaires.

À l'inverse, pour Abu Dhabi, les Frères musulmans sont un problème fondamental. La confrérie menace l'unité de la confédération. En effet, dans le Nord, grâce au très conservateur parti Islah, elle se développe auprès de 60 % de la population. Pis, les militaires sont majoritairement issus de cette région. À cette menace intérieure, s'ajoute une menace extérieure car les Frères musulmans ne manquent point de soutien. Bref, MBZ redoute un coup d'État. Son alliance avec l'Arabie Saoudite vise à créer un front commun entre ennemis des Frères, qu'il juge encore plus menaçants que l'Iran. Mais, dans la balance, MBZ craint davantage la confrérie frériste que l'Iran. Se joue ainsi une partie de billard à trois bandes avec le Qatar, où nombre de Frères musulmans se sont réfugiés pour fuir l'attitude hostile de l'Arabie Saoudite à leur encontre. Comme me l'expliquait Haouas Taguia, chercheur à l'Al Jazeera Center Studies, lors d'un entretien, en octobre 2019,

Doha tenait à être indépendante de l'idéologie saoudienne car elle n'était pas d'accord avec sa politique et a accueilli des prédicateurs chassés par Riyad, tel Youssef Qaradawi, intellectuel phare des Frères à l'époque, est arrivé à Doha. Interdit de séjour en Égypte et aux ÉAU, il est devenu un temps la référence pour les opposants à l'idéologie wahhabite et salafiste du grand voisin. Les Printemps arabes ont alors mis sur la place publique l'état des relations de ces trois pays avec l'islamisme et l'intégrisme. C'est ainsi que les Frères ont servi un temps de boucs émissaires à qui l'on reprochait tous les malheurs de la région.

Dès lors, la donne change pour le bénéfice des ÉAU. Les frontières sont poreuses au danger frériste, naviguant entre Tunisie, Égypte, Libye, Syrie et, donc, ÉAU et Arabie Saoudite. Une double option stratégique s'impose : d'une part, développer un consensus autour de l'assimilation des Frères à une entité terroriste ; d'autre part, déclencher un conflit extérieur afin de désamorcer le danger intérieur. Dans cette perspective, l'un des plus grands coups de force diplomatique et politique de MBZ, et de son allié saoudien MBS, survient le 5 juin 2017 au sein même du Golfe avec l'isolement total du Qatar.

7. Du retournement au grain de sable

Le déclenchement brutal du blocus terrestre, aérien et maritime, constitue un nouvel affront à la règlementation internationale. Cependant, l'alliance avec les États-Unis joue à fond. Mohamed ben Zayed obtient le soutien des Américains et de nombreux pays occidentaux pour imposer son modèle autoritaire face au chaos moyen-oriental et aux craintes de terrorisme. Le statut de Doha change. D'allié, il devient l'ennemi car il empêche MBZ, érigé en héros de la stabilité, de conquérir le monde arabe. C'est un retournement. Ainsi que le résume Olivier Da Lage, journaliste à RFI,

> en réalité, il n'y avait pas vraiment de brouille entre les ÉAU et le Qatar, en dehors des habituelles querelles de prééminence qui ont abouti au retrait du Qatar et de Bahreïn du projet de fédération des Émirats Arabes Unis, lequel a finalement vu le jour sans ces deux émirats, ces derniers préférant devenir des États de plein exercice. Aucune brouille particulière non plus, à l'époque, entre

l'Arabie Saoudite et le Qatar, de loin le pays du Golfe le plus proche de Riyad, ne serait-ce que parce que tous deux sont majoritairement wahhabites. La division du Conseil de Coopération du Golfe, selon la ligne de fracture qui est apparue au grand jour en 2017, n'était donc absolument pas inscrite dans les conditions de la naissance des ÉAU.

Le déclenchement de la crise de 2017 renvoie moins à un cahot diplomatique prévisible qu'à une querelle de personnes et d'intérêts. Accuser le Qatar d'héberger le terrorisme régional et considérer Doha comme le meilleur partenaire de Téhéran ne sont que des prétextes. Ébranler le Qatar permet à MBZ de s'attaquer frontalement à une puissance rivale ; et cela permet au clan Trump de régler des histoires de gros sous. En effet, en avril 2017, Jared Kushner, conseiller spécial et gendre de Donald Trump, rencontre Ali Shareef Al Emadi, le ministre des Finances du Qatar afin de négocier le renflouement d'un immeuble trum-pien sis au 666 sur la 5ᵉ avenue à New York. Depuis son rachat pour près de 2 milliards de dollars en 2008, il s'était révélé être un gouffre financier. Il est probable que le refus du ministre qatari de mettre la main au portefeuille scelle le sort de Doha[23].

Le 6 juin 2017, l'Arabie Saoudite, les ÉAU, l'Égypte et le Bahreïn décident d'isoler le Qatar de la scène régionale et internationale. Leurs trois exigences principales :

---

23. https://theintercept.com/2018/03/02/jared-kushner-real-estate-qatar-blockade/ et développé dans la version française www.huffpost-maghreb.com/2018/03/03/represailles-de-jared-kus_n_19363596.html

- mettre fin à un supposé soutien au terrorisme,
- couper ses liens avec l'Iran et
- éteindre la chaîne Al Jazeera.

Qu'aucune preuve de soutien au terrorisme ou à l'idéologie iranienne n'ait été apportée n'a pas d'importance. Ces pieux mensonges masquent les réelles motivations de ce terrible coup de force. En effet, comment survivre lorsque la seule frontière terrestre dont on dispose est justement avec l'Arabie Saoudite ? Comment, dans un mouchoir de poche géopolitique, maintenir le trafic aérien quand l'espace de ses voisins lui est interdit ? Comment réunir des familles mixtes divisées par le blocus ? Comment poursuivre la préparation de la Coupe du monde de football de 2022 ? Les ÉAU et leurs alliés ont une réponse simple : si le Qatar abdique sa souveraineté, le blocus disparaîtra. Las, au grand dam de MBZ et de MBS, Doha tient le choc et contre-attaque en démontant allégations infondées comme accusations sciemment erronées, en multipliant les révélations sur les manœuvres obscures de Riyad et Abu Dhabi à Washington, en soulignant que les économies saoudienne et émiratie sont elles aussi impactées par le blocus, en pointant les changements sociaux et politiques fragilisant la stabilité de l'Arabie Saoudite qui génèrent de l'instabilité, et en renforçant ses positions au Yémen, ce qui coûte très cher à Riyad.

Un autre grain de sable perturbe également le blocus : les familles du Golfe sont éclatées de part et d'autre de frontières artificielles. Partant, punir son voisin c'est aussi se punir soi-même.

7. Du retournement au grain de sable

Au déclenchement du blocus, beaucoup de familles dont certains membres travaillaient en Arabie Saoudite, aux Émirats, à Bahreïn ou en Égypte, ont été séparées du jour au lendemain. Il existe également beaucoup de familles par alliance entre ces petits pays : trois Qataris sur quatre ont un proche de la famille originaire d'un des pays responsables du blocus. De nombreux étudiants se sont retrouvés dans des situations extrêmement délicates, expulsés du jour au lendemain d'Arabie Saoudite ou des Émirats. Nombre de Qataris qui étaient à La Mecque au déclenchement de la crise ont été eux aussi exclus du territoire. De nombreux malades soignés dans les hôpitaux en Arabie Saoudite ont été priés de quitter le territoire. Enfin, la volonté de censurer Al Jazeera ne redorait pas le blason des Émirats.

Appuyé par les Nations Unies, qui ont déclaré l'illégalité du blocus, Doha, au nom de sa souveraineté bafouée, s'est tournée vers une armée d'avocats et de conseillers juridiques pour défendre son intégrité, et exiger la liberté de circulation, de transport, de droit à l'éducation et de culte. Avec succès : deux ans après l'opération sauvage, quand on se promène dans la capitale du Qatar, les conséquences du blocus ne sont plus visibles. Que ce soit dans les quartiers en développement ou sur les chantiers des immeubles en construction à West Bay et sur la Corniche, les affaires tournent. Le nouveau musée national, signé par Jean Nouvel, a bien ouvert ses portes au printemps 2019 ; le souk Wakif, épicentre social de la ville, ne désemplit pas de la soirée ; les hôtels prestigieux qui accueillent de nombreux touristes, même pendant le ramadan, n'ont pas vu se réduire leur clientèle internationale ; le nouvel aéroport Hamad International, *hub* régional, fonctionne à plein régime ; Qatar Airways a annoncé des commandes record d'avions en décembre 2017 ; les préparatifs de la Coupe du monde de football de 2022, la première qui se tiendra dans le monde arabe, se poursuivent malgré les polémiques, et la construction des sept stades avance bien.

Autre exemple : sur le plan de l'éducation, cheval de bataille de la femme de l'ancien émir Hamad, Cheikha Moza, la Qatar Foundation (dédiée aux programmes liés à la jeunesse) continue à développer ses projets à travers le monde et, grâce au programme Education above all, alphabétise et scolarise des enfants qui ne l'auraient jamais été dans leur propre pays. En mai 2018, l'ONG Silatech a promis un million d'emplois pour les jeunes du monde arabe à brève échéance, et la création immédiate de 200 000 postes pour des jeunes uniquement au Maroc. De quoi continuer à concurrencer les ÉAU sur leur propre terrain !

En somme, la stratégie de MBZ connaît des échecs retentissants. Au Yémen, le rêve de stabilisation s'éloigne depuis mars 2015, car une crise humanitaire d'une ampleur terrifiante succède aux massacres. Le Qatar s'est relevé, même s'il a été affaibli. En revanche, MBZ a gagné sur un point : le Conseil de Coopération du Golfe a disparu. C'était la seule instance à même de calmer ses ardeurs, puisque le Qatar en faisait partie. Maigre victoire, sans doute, pour celui que les printemps arabes avaient déjà paniqué en 2011...

8. Des printemps à l'offensive diplomatique

En 2011, les protestations qui ont secoué plusieurs pays, du Maghreb au Machrek, ont déclenché un vent de panique aux ÉAU. Ils y voient la main des Frères musulmans. Trente années d'autoritarismes et de dictatures ont créé des poches de pauvreté sur lesquelles ont prospéré des mouvements islamistes. À travers organisations de charité et stratégies d'entrisme, les Frères musulmans sont ainsi devenus un sérieux contre-pouvoir qui, logiquement, attend son heure.

Or, de la Tunisie à l'Égypte, en passant par le Maroc, la Libye, la Syrie et le Bahreïn, les peuples manifestent contre les dictatures, le népotisme, l'absence d'élections libres et de droits fondamentaux, d'autant moins acceptables que la crise économique et sociale de la région depuis des années s'est aggravée depuis la crise mondiale de 2008. En effet, les pays occidentaux sont les principaux partenaires économiques et commerciaux de la zone MENA (Middle East North Africa) ;

aussi le Maghreb comme le Moyen-Orient sont-ils impactés par la conjoncture difficile.

Après s'être dressés, au cours des années 1950-1960, contre le colonialisme, les jeunes se révoltent dans leur pays contre leurs pouvoirs autoritaires avec des revendications pour leurs libertés individuelles et contre les inégalités socio-économiques, selon un processus que nous avons décrit avec Azouz Begag[24]. Plus les jeunes cherchent à améliorer leur qualité de vie, plus augmentent l'instabilité politique et les risques de violences. Dès 2007, Emmanuel Todd et Youssef Courbage décrivaient cette pression pour des raisons sociologiques : la transition démographique, très rapide, d'une partie du monde arabe a, comme dans d'autres régions du monde, provoqué des violences sociales[25]. Reste vif le souvenir des massacres d'Alger, où l'armée a tué cinq cents jeunes lors d'une manifestation, en 1988, prolongeant les secousses du printemps berbère de 1980. Cet épisode sanglant a marqué le début de la « décennie noire » de l'Algérie, qui s'est soldée par des centaines de milliers de victimes.

Rien d'éphémère dans ces soubresauts : les barbaries commises par le pouvoir et ses affidés militaires ont profondément marqué les jeunes Algériens, comme leurs pairs ont été traumatisés en Irak, en Syrie, au Liban ou dans la bande de Gaza. Pourtant, aucune attention particulière n'a été

---

24. *Lettre pour les jeunesses arabes*, Erick Bonnier, 2018
25. *Le Rendez-vous des civilisations*, Le Seuil, 2007

portée par les instances politiques nationales ou internationales sur les dégâts collatéraux causés aux enfants. Depuis 2016, les soulèvements populaires qui agitent la région du Rif avec Hirak (« le mouvement ») sont symptomatiques d'une instabilité sociale et politique. Les contestations marocaines ont été déclenchées à Al-Hoceima, le jour où Mouhcine Fikri, jeune vendeur de poisson, est mort happé par une benne à ordures alors qu'il venait d'être arrêté en possession d'une cargaison illégale d'espadons. Dans une région enclavée et marginalisée politiquement, souffrant d'un chômage important, cette mort avait provoqué d'importantes manifestations, semblables à celles de Sidi Bouzid, en 2010, lorsque l'immolation d'un jeune vendeur ambulant avait embrasé la Tunisie.

Un an plus tard, les premiers jeunes Rifains étaient condamnés à de lourdes peines de prison, cependant que le roi limogeait trois ministres afin de donner des gages à ses jeunes sujets sans pour autant tout remettre en cause. Restent les problèmes structurels : le chômage des jeunes Marocains atteint 40 % ; le secteur informel – notamment, dans la région du Rif, la cannabiculture – est considéré comme le principal pourvoyeur d'emplois ; et sept jeunes sur dix n'ont aucune qualification. Pour beaucoup de jeunes de cette vaste zone, qu'ils soient Marocains, Tunisiens, Algériens ou Égyptiens, l'exode rural puis l'exil vers l'Europe paraissent être la seule alternative pour un avenir décent. Face au désarroi des populations, les partis politiques islamistes ont cherché à

8. Des printemps à l'offensive diplomatique

passer pour l'alternative idéale. Séduisait moins leurs projets rétrogrades en termes de libertés et de droits de l'homme qu'une réalité objective : aucune autre force politique structurée ne se positionnait de façon crédible. Parmi ces partis, beaucoup étaient liés aux Frères musulmans.

En Libye et en Syrie, deux guerres déflagrent en 2011, révélant des pouvoirs au bord du gouffre. En 2011, le régime de Mouammar Kadhafi est renversé, laissant la place aux batailles sans merci entre

- forces gouvernementales reconnues par les Nations Unies,
- forces politiques du maréchal Haftar soutenues notamment par la France et les ÉAU, et
- courants djihadistes dont l'EI, qui crée à Syrte la troisième capitale du Califat.

En Syrie, les luttes ne sont pas moins sanglantes entre
- le régime de Bachar Al Assad,
- les forces démocratiques syriennes,
- l'opposition djihadiste armée, et
- l'État islamique, apparu en Syrie et en Irak, en juillet 2014, sous la houlette du calife autoproclamé Al Bagdadi.

L'État islamique revendique entre 40 000 et 80 000 combattants, dont plus de 30 000 étrangers venus de plus de cent pays.

Révoltes et guerres suffiraient à inquiéter les ÉAU ; or, à cette poudrière polymorphe, s'ajoute l'agitation qui anime le Golfe. Celle-ci a démarré notamment au Bahreïn, avec les révoltes place de la Perle à Manama en 2011. Elles ont été rapidement matées par l'Arabie Saoudite, avec le soutien des ÉAU qui considère la presqu'île comme un satellite. Qu'importe ! Partout, MBZ craint les deux éléments susceptibles de fragiliser à terme son pouvoir :

- l'émergence d'une exigence démocratique réelle ; et
- la montée des contrepouvoirs islamistes tels que les incarne la galaxie des Frères musulmans.

Le bilan, il est vrai, n'est pas des plus rassurants.

Au Maroc, suite à l'échec des manifestations de février 2011, les islamistes du parti Justice et Développement parviennent au pouvoir.

En Algérie, les choses sont moins avancées : point de « printemps algérien » – il faudra attendre 2019 pour que frémisse un début de changement !

En Tunisie, après l'adoption d'une nouvelle constitution, des élections sont organisées et amènent la montée du parti islamiste Ennahda, premier parti du pays en 2018.

L'Égypte est le théâtre du pire échec révolutionnaire : la révolution de la place Tahrir a certes eu raison du régime d'Hosni Moubarak ; mais les élections de 2013 ont porté au pouvoir Mohamed Morsi et les Frères musulmans, rigoristes et autocrates.

Côté syrien, face à Daech, la coalition internationale portée par les États-Unis, l'Arabie Saoudite, les Émirats Arabes Unis et le Qatar notamment, ne lésinent sur aucun bombardement pour combattre au sol les djihadistes, sollicitant dans cette perspective le soutien des YPG, les Kurdes de Syrie.

Depuis l'invasion de 2003, l'Irak est déchiré entre

8. Des printemps à l'offensive diplomatique

- les chiites, majoritaires démographiquement et portés au pouvoir par la Maison Blanche après le renversement de Saddam Hussein,
- la « débaassisation » du pays,
- les sunnites, malmenés, et
- Daech qui menace la stabilité, très fragile, du pays.

Au Yémen, le président Saleh, allié des États-Unis de l'Arabie Saoudite et des ÉAU, a dû fuir. Les houthis en profitent pour passer à l'offensive, s'emparer de Sanaa, la capitale, et du port d'Aden, ce qu'Abu Dhabi et Riyad assimilent à une menace existentielle pour la péninsule Arabique, le Golfe, et le détroit d'Ormuz.

Partout, dans la région, les attentats se multiplient ; et les nouvelles de l'Iran ne sont pas plus favorables à MBZ. C'est dans ce contexte que le président américain Barack Obama se pique de négocier un accord sur le nucléaire iranien finalement signé en juillet 2015. L'Arabie Saoudite et les ÉAU voient rouge. Pour eux, cet accord est un premier pas risquant de marquer le retour de Téhéran dans le concert des nations. Mohamed ben Zayed comprend que, pour ne pas perdre son pouvoir et son influence, il doit instamment mettre de l'ordre et passer à l'offensive diplomatique voire militaire grâce à ces fameux outils de *hard* et de *soft powers* mis en place pendant des années, selon quatre axes :

- finir d'éteindre les printemps arabes,
- envisager sans complexe chaque ingérence qui paraîtrait utile,

- consolider les liens avec l'Arabie Saoudite et, surtout, les États-Unis, et
- ne pas lésiner sur les nobles arguments antiterroristes susceptibles de séduire les alliés occidentaux, par exemple en assimilant velléités démocratiques et islamisme sur l'air du : « Vous voyez ? Partout où il y a eu démocratisation, les islamistes se sont installés. »

Les Émirats Arabes Unis comptent bien profiter du chaos pour avancer leurs pions ; et MBZ a quelques idées très concrètes pour y parvenir...

9. D'Ennahda à Sissi

Le cas tunisien est unique. Bien que le pays soit au bord du gouffre, avec des ressources très limitées, il s'est stabilisé et a entamé sa transition démocratique avec une nouvelle Constitution et des élections fin 2019... qui ont consacré l'importance d'Ennahda, le parti des Frères musulmans. Or, les pays du Golfe ont largement investi le pays depuis les Printemps arabes, afin de l'accompagner ou d'essayer de la déstabiliser. Le jeu des ÉAU est trouble. Il consiste à court-circuiter les initiatives du Qatar en faveur du processus démocratique, notamment en dénonçant le soutien de Doha au parti Ennahda qu'Abu Dhabi n'a pas réussi à écarter[26].

D'où de petites mesures de rétorsion qui en disent long. Ainsi, le 19 décembre 2017, le président tunisien convoque des élections locales. MBZ est furieux, car le contexte lui semble favorable à Ennahda. En guise de punition, dès

---

26. https://orientxxi.info/magazine/la-tunisie-un-champ-d-affrontement-entre-les-pays-du-golfe,2387

le 26 décembre, les Tunisiennes ne sont plus autorisées à prendre les avions d'Emirates. Aussitôt, la Tunisie ferme ses aéroports à tous les vols de la compagnie… provisoirement, car les conséquences financières n'étaient pas raisonnables pour le pays. En réalité, dans ce jeu d'influence et d'alliances, le juge de paix pourrait être la situation économique de la Tunisie. Les sirènes du plus offrant devraient être irrésistibles, mais elles auront à composer avec l'ambition d'Ennahda. En 2019, le parti exige la nomination d'un premier ministre issu de sa formation politique – refusé. À cran néanmoins, MBZ aurait lancé, en juin 2020, des rumeurs de coup d'État relayées par l'agence turque du renseignement et plusieurs médias européens – en vain. La lutte continue, à Carthage comme ailleurs.

Ainsi, en Algérie, après plusieurs mois de « hirak », le pays a obtenu sa seconde indépendance. Après les événements de 1962, la population algérienne est parvenue à se libérer de son dirigeant, au pouvoir depuis vingt ans. Moins de deux semaines après une présidentielle qui a porté à la tête de l'État l'ancien premier ministre Abdelmadjdid Tebboune, Ahmed Gaïd Salah, 84 ans, pilier du régime algérien, rendait les armes dans la nuit du 22 décembre 2019. Au pouvoir depuis des décennies, il était jusqu'alors le principal frein à une évolution constructive de la démocratie dans le pays qui laisse le Hirak parvenir à ses fins.

Le scénario n'avait été ni envisagé par les Algériens, ni anticipé par MBZ, avec qui le partant était pourtant en contact permanent. Longtemps, l'Algérie avait été protégée des sursauts démocratiques. Au nom de l'impératif sécuritaire brandi par le pouvoir, il avait été seriné à l'envi qu'il y avait déjà eu un « Printemps algérien » en octobre 1988, et que les conséquences avaient été tragiques. En effet, l'ouverture au multipartisme avait accéléré l'arrivée des islamistes, privés de leur victoire en 1992, entraînant une décennie terrible pour le pays. Cette rhétorique a permis au clan Bouteflika de longuement spolier le pays. Gaïd Salah était le garant d'une certaine continuité et d'une petite évolution, malgré son histoire, son âge et son inadéquation avec les aspirations exprimées dans les urnes par les Algériens. Autant dire que les ÉAU et l'Arabie Saoudite savent qu'ils ont face à eux le plus grand pays d'Afrique, dans la position géostratégique la plus favorable face

- à l'Europe,
- au Sahel et
- à l'Afrique subsaharienne dont les ressources excitent les appétits.

Les ÉAU se retrouvent devant leur souci double : d'une part, MBZ n'est pas un partisan acharné de la démocratie ; d'autre part, dans le monde arabe, la démocratie semble amener au pouvoir les ennemis de la démocratie, en l'espèce les partis islamistes. Du moins espèrent-ils encore se refaire en Lybie. Là, ils pensent détenir la solution. Pourtant, le renversement de Muammar Kadhafi n'a rien résolu en huit ans de conflit. À la décharge des Émirats, personne d'autre n'a trouvé de solution à ce jour. La guerre, comme la lutte de clans et de gouvernements entre Tripoli et Benghazi, n'en finit pas. La communauté internationale feint de gérer l'ingérable, *id est* l'intrusion de tous dans une histoire politique qui devrait être réglée par les Libyens en premier et en dernier ressort... mais le pire est ailleurs.

Des révélations de la BBC sur les crimes de guerre pratiqués par Abu Dhabi en Libye[27], après les cas de torture il y a deux ans dans les prisons émiraties au Yémen, n'ont pas fini de faire des remous. Derrière le soutien émirati à une nouvelle Libye à son image, un homme : le peu commode maréchal Khalifa Haftar. Il était accusé depuis des mois de crimes de guerre dans la ville de Derna, alors que les combats faisaient toujours rage dans la capitale du pays. Depuis le 4 avril 2019, le gouvernement d'union nationale dirigé par Fayez el Sarraj, reconnu par les Nations unies, est chaque jour menacé par celui qui n'est autre que la main des Émirats dans l'Ouest libyen. Dans la capitale, les Libyens déplacés se comptent par dizaines de milliers... tandis que MBZ acheminait un nouveau bateau plein d'armes à Haftar par la frontière égyptienne

Et l'on n'est pas au bout de nos surprises puisque la moitié des fonds de l'ancien raïs seraient arrivés à Abu Dhabi depuis longtemps et la seconde moitié y aurait été acheminée fin 2019[28]. En novembre 2019, le ministre des Affaires étrangères

27. https://www.bbc.com/news/av/world-africa-48105968/libya-war-crimes-videos-shared-on-social-media
28. https://www.francetvinfo.fr/monde/afrique/libye/ou-sont-passes-les-milliards-libyens-disparus_3056373.html

d'Haftar, Abdulhadi Lahouij, en conférence à Bruxelles, se montrait confiant malgré la situation apocalyptique sur place en termes de droits humains.

Nous n'avons pas beaucoup d'alliés pour nous aider à sortir de cette crise, alors qu'avec 21 millions d'armes en circulation, la menace est aussi valable pour l'Afrique, le monde arabe et l'Europe. Parmi les États qui entretiennent les djihadistes et les milices à Tripoli, notamment, le Qatar est pleinement acteur. Notre soutien venant des Émirats Arabes Unis vise surtout pour la Libye du futur, une Libye sécurisée, pacifiée, où il n'y aura plus viols, violence, prisons, exécutions sommaires. Nous contrôlons 90 % du territoire, donc, reconnus ou pas, nous voulons commencer par là, par rapport à Sarraj qui n'a rien appliqué, et notamment avec l'accord d'Abu Dhabi en matière de désarmement des milices.

Les forces se jaugent. Le bras de fer pour le pouvoir oppose le gouvernement d'union nationale, soutenu par la Turquie et le Qatar, aux forces de Haftar soutenues par la Russie, les ÉAU et la France d'Emmanuel Macron. Boosté par ce soutien, les forces haftariennes ont fait appel à des groupes salafistes madkhalis, quitte à surestimer ces affidés. Les madkhalis n'ont rien d'enfants de chœur ni de ces combattants pour la liberté et la laïcité que décrit Paris. Originaires d'Arabie saoudite, ce sont des salafistes quiétistes, c'est-à-

9. D'Ennahda à Sissi

dire des musulmans prosélytes et soumis. Prosélytes, car ils veulent convaincre les populations de pratiquer un islam rigoureux et exigeant ; soumis, car ils veulent que toute leur énergie passe dans la religion – ce qui les amène à délaisser la politique.

Leur chef s'appelle Rabbi El Madkhali. Né en 1931, il a émergé en Arabie Saoudite pendant la guerre du Golfe. Depuis, Riyad le soutient car il professe que toute rébellion à l'autorité est *haram*. Jamais les fidèles madkhalis n'appelleront à s'opposer au dirigeant politique dont ils dépendent territorialement. En revanche, ils seront toujours partants, contre rémunération, pour détruire des temples et sanctuaires où prient les soufis, traditionnellement pacifiques.

L'Égypte ressortit d'une logique différente. Pour MBZ, toutes les planètes politiques paraissent alignées :
- une révolution finie,
- des aspirations démocratiques étouffées,
- un régime militaire féroce et
- un soutien absolu du maréchal Sissi à son parrain émirati.

L'arrivée au pouvoir des Frères musulmans en Égypte a suscité l'inquiétude des États-Unis, d'Israël et des Émirats ; mais la présidence frériste de Mohamed Morsi, commencée en juin 2012, s'est achevée en juillet 2013, quand une contre-révolution a entériné le retour à l'ordre établi, incarné par le maréchal Abdelfattah Sissi. Désormais, Mohammed ben Zayed et Mohammed ben Salmane rêvent de dupliquer ce modèle de contre-révolution en Algérie et au Soudan.

D'autant que la relation entre Le Caire et Abu Dhabi est solide et ancienne. Les ressources du pays, globalement exsangue, sont liées aux revenus colossaux du canal de Suez et, surtout, aux soutiens extérieurs. Depuis 1978, les États-Unis achètent la paix avec Israël ; et MBZ lui-même ne lésine pas sur les petits cadeaux qui entretiennent les bonnes relations. Le 25 avril 2016, il a annoncé un financement exceptionnel de 4 milliards en faveur de l'économie égyptienne. Le 14 novembre 2019, ce financement a été complété par un plan de financement commun d'investissement de vingt milliards de dollars. En échange, Sissi promet de venir en aide au Golfe s'il y a une guerre.

En réalité, le régime militaire égyptien arrange plusieurs acteurs régionaux, à commencer par le nouveau partenaire des Saoudiens et des Émiratis. Le Sinaï est une poudrière ; et la péninsule est plus sûre depuis l'arrivée de Sissi. MBZ ne peut que s'en satisfaire, d'autant que les Frères musulmans ont été bannis d'Égypte. Toutefois, cette satisfaction reste limitée, donc pousse les ÉAU à chercher de nouveau relais de développement.

10. Du Soudan à Berbera

Le 19 décembre 2018, le Soudan est secoué par des manifestations motivées par l'accès de plus en plus difficile aux denrées de première nécessité. Huit mois de protestation conduisent l'armée à renverser Omar El Bechir qui régnait depuis trois décennies. Un temps soutenu par les islamistes, l'homme est accusé de crimes contre l'humanité dans le génocide du Darfour et recherché par la Cour pénale internationale. Dans son pays, il est accusé de corruption généralisée. Vétilles pour MBZ qui escompte maintenir son influence ancienne sur le Soudan !

Le général Abdelfattah Al Buhrane, qui dirige à ce moment-là le Conseil militaire de transition, va le rassurer en affirmant souhaiter garder des relations privilégiées avec l'Arabie Saoudite et les ÉAU. Qu'importe si cet Al Buhrane commandait les forces terrestres soudanaises, hostiles à Abu Dhabi, déployées au Yémen. Le pragmatisme s'impose. MBZ veut conserver sa mainmise ; et, de son côté, le

Soudan a besoin de liquidités et de liquide, comme il était de coutume : pour limiter la contestation, les ÉAU n'étaient-ils pas réputés avoir versé, au mois de janvier 2019, « selon un officiel soudanais, 300 millions de dollars, sans compter une aide en pétrole »[29] ? Preuve de l'influence de MBZ sur Al Buhrane : les tergiversations autour de la demande d'extradition d'El Bechir vers La Haye pour être jugé ont tourné court depuis des mois. En échange de leur soutien, les ÉAU ont probablement exigé la protection de leur ancien allié en proposant un procès local.

Par la suite, d'autres affaires ont surgi. Fin janvier 2020, plusieurs manifestations ont eu lieu devant l'ambassade des Émirats Arabes Unis à Karthoum au Soudan pour protester contre l'ingérence de ce pays dans leurs affaires au nom d'intérêts particuliers, notamment à travers un trafic d'êtres humains. En effet, les Soudanais s'insurgent contre l'envoi de milliers de leurs enfants dans de nouvelles zones de guerre essentielles pour les Émirats. *Nihil novi sub sole*, hélas : à l'été 2019, les Emirates leaks révélaient l'utilisation de jeunes mercenaires venus d'Afrique et transitant par le Soudan, pour le compte d'Abu Dhabi, notamment de sa compagnie Black Shield Security, avant de rejoindre la Libye et le Yémen.

Al Jazeera a publié des documents secrets et des informations révélant l'utilisation par les ÉAU

---

29. https://www.jeuneafrique.com/764045/politique/au-soudan-larabie-saoudite-et-les-emirats-arabes-unis-conservent-leur-influence/

de l'espace aérien soudanais pour le transport de centaines de mercenaires que Mohammed Hamdan Diklo, Hamidati, vice-président du Conseil militaire soudanais, a recruté dans des tribus arabes du Darfour et dans certains pays africains, vers la Libye et le Yémen *via* l'Érythrée. Un document délivré par l'ambassade des Émirats Arabes Unis aux autorités soudanaises en charge des affaires étrangères a révélé qu'Abu Dhabi avait demandé un permis diplomatique autorisant deux avions C130 et G17 appartenant aux forces armées émiraties à traverser et atterrir à l'aéroport El Geneina, dans l'ouest du Soudan.[30]

On doit s'émouvoir de cette embardée sous peine d'admettre la normalité de guerres conventionnelles, non validées ou encadrées par le droit international, qui font désormais appel à des individus non formés, non professionnels, et transformés en armes de guerre sans éthique ni retenue. Comment qualifier le recours à des jeunes déracinés qui n'ont plus rien à perdre, sinon comme l'officialisation de la chair à canon grâce au mercenariat d'État ? Disons-le avec force : les jeunes Soudanais embarqués dans ces conflits sans fin font les frais de la soumission de leur pays aux exigences d'un pays du Golfe tâchant d'étendre sa zone d'influence sur l'ensemble du monde arabo-musulman. En d'autres termes,

---

30. https://www.atlantico.fr/decryptage/3586700/la-privatisation-de-la-guerre-par-les-eau-en-libye-et-au-yemen-ou-comment-abu-dhabi-recrute-de-jeunes-soudanais-pour--leurs--guerres-sebastien-boussois

ce que les Émirats Arabes Unis ont mis en place pourrait relever du chef de crimes de guerre. D'ores et déjà, il est établi qu'Abu Dhabi crée des couloirs de circulation d'effectifs et de matériels militaires défiant toutes les règles internationales du multilatéralisme[31].

Et pas exclusivement au Soudan ! Le conflit libyen nécessite, lui aussi, l'envoi de forces vives pour combattre aux côtés de Haftar. Pour ces deux guerres, il faut beaucoup de combattants. Or, Abu Dhabi n'a pas d'effectifs. Elle délègue. D'où la présence de jeunes Soudanais au service de l'Armée Nationale Libyenne, signant la capacité de MBZ à avancer ses pions dès qu'il sent une vulnérabilité structurelle quelque part.

Ainsi de l'Éthiopie, dont le conflit avec l'Érythrée a duré vingt ans. Fin 2018, les négociations ont conduit à ce que certains ont appelé une « paix importée ». Cette région de la Corne de l'Afrique est essentielle pour la stabilité du Golfe. Aussi les Émirats Arabes Unis et le Qatar se disputaient-ils les faveurs du régime d'Addis-Abeba. MBZ a un coup d'avance car il rêve d'installer une base à Djibouti après avoir éteint le conflit. En attendant, la base émiratie d'Assab, en Érythrée, est une garantie pour MBZ de contrôler l'entrée vers les eaux du Golfe en général et le détroit d'Ormuz en particulier depuis l'Océan indien. Surtout, la base sert aussi dans la guerre menée au Yémen.

---

31. https://www.lemonde.fr/blog/filiu/2020/04/19/les-guerres-perdues-des-emirats-arabes-unis/

Certes, jusqu'en 2018, le Qatar jouait encore un rôle de médiateur, mais les ÉAU semblent avoir davantage soutenu le pouvoir en place en le sauvant économiquement, estime une chercheuse.

L'Éthiopie est en proie à une contestation sociale depuis plus de trois ans. Le nouveau premier ministre réformateur souhaite mener de front l'ouverture du pays et son repositionnement régional. Dans cette perspective, l'état d'urgence a été levé, les opposants ont été libérés et des réformes de libéralisation du régime ont été lancées. Malgré une des plus fortes croissances économiques du continent, le pays subit une crise monétaire importante. La stabilité de sa monnaie a été assurée de justesse par un versement de 3 milliards de dollars des Émirats Arabes Unis. Les facteurs économiques ont donc été décisifs dans la nécessité de conclure la paix avec l'Érythrée.

À coup de milliards, MBZ séduit le pouvoir interne ; au nom de la « guerre contre le terrorisme », il séduit les acteurs extérieurs ; en aidant le gouvernement érythréen à tenir son peuple, il séduit les irréductibles.

Ce bras de fer s'est fait avec le soutien américain dans un contexte de « guerre globale contre le terrorisme ». Pourtant, l'obstination du régime érythréen semble avoir payé et cela peut aujourd'hui lui permettre de justifier, *a posteriori*, sa radicalité vis-à-vis de sa population. Sur le plan extérieur, l'Érythrée a fait des concessions militaires aux pays du Golfe dans le cadre de leur guerre au Yémen (en s'éloignant de Téhéran notamment). Cela a permis de rompre son isolement économique et diplomatique et il était donc inévitable pour le régime d'accepter de négocier avec l'Éthiopie. (...) Les gouvernements éthiopien et érythréen n'ont pas décidé seuls de la direction que devait prendre leur relation. Chaque dirigeant a rencontré les responsables émiratis à plusieurs reprises avant, pendant et après le processus de réconciliation.[32]

En échange, chacun fait allégeance aux ÉAU et offre un accès privilégié aux ressources naturelles. À ce titre, l'Éthiopie a deux atouts : l'eau et la main d'œuvre. En juillet 2019, le premier ministre éthiopien, Abiy Ahmed, a annoncé l'envoi de 50 000 travailleurs, officiellement pour réduire le chômage du pays et former sa main d'œuvre mais surtout pour fournir à MBZ des employés bon marché, malléables, peu contestataires et indispensables aux futurs projets émiratis, à commencer par l'exposition universelle Dubaï 2020. On parlerait même de 200 000 travailleurs en tout ! *Jackpot* pour MBZ et gloire pour Abiy Ahmed, récipiendaire du Prix Nobel de la Paix pour avoir conduit son pays à un accord.

---

32. https://www.lemonde.fr/afrique/article/2018/09/28/ethiopie-eryth-ree-la-proclamation-inattendue-d-une-paix-importee_5361402_3212.html

La Somalie n'a pas plus résisté à MBZ ; DP World, la société de gestion portuaire phare des Émirats, a obtenu la gestion du port de Berbera, seul port en eaux profondes de la Corne de l'Afrique. Même les spécialistes de la haute voltige politique savent pêcher en eaux profondes !

11. Des rébellions aux réconciliations (et retour)

Anwar Gargash, ministre d'État des Affaires étrangères des ÉAU l'a affirmé : son pays soutiendra toujours le Maroc. Pourtant, Rabat se rebelle à l'occasion. Ainsi, dès le 5 juin 2017, le royaume s'est élevé contre le blocus du Qatar. Intolérable, pour MBZ. En juin 2018, Abu Dhabi manifeste son courroux en votant contre le Maroc pour l'organisation du Mondial 2026. En mars 2019, Rabat quitte la coalition impliquée au Yémen et emmenée par l'Arabie Saoudite et les ÉAU. Nasser Burrita, ministre des Affaires étrangères marocain, en profite pour rappeler la souveraineté de son pays, en dépit de la « profondeur » des relations historiques entretenues avec les pays du Golfe, « notamment l'Arabie Saoudite et les Émirats Arabes Unis »[33]. La brouille remontait

---

33. http://www.mapexpress.ma/actualite/activite-gouvernementale/nasser-bourita-la-politique-etrangere-est-une-affaire-de-souverainete-pour-le-maroc-et-la-coordination-avec-les-pays-du-golfe-doit-se-faire-de-part-et-dautre/

à plus d'un mois quand le ministre avait défié Abu Dhabi en accordant un entretien à Al Jazeera, la chaîne qatarie, alors que, depuis le blocus, les ressortissants des ÉAU étaient interdits d'antenne.

En réalité, les tensions avec le Maroc sont parsemées de phases plus douces. En mai 2018, Rabat rompait ses relations avec Téhéran, moins pour complaire les Émirats que pour sanctionner le soutien indirect de l'Iran au turbulent Front Polisario. En septembre 2018, la visite de Mohamed VI à Abu Dhabi, après plusieurs mois de frictions et silences. Et, patatras ! En décembre 2018, alors que le prince Mohamed ben Salmane entamait une tournée au Maghreb, il semble bien que Rabat ait refusé de l'accueillir. Énième affront.

Ces volontés d'indépendance ont leurs limites, et celles-ci sont économique. Le Maroc a grandement besoin du soutien financier d'Abu Dhabi. Parfois sous forme de don : en 2013, MBZ a contribué à la création de l'Initiative nationale de développement humain (INDH) en virant 100 millions de dollars au royaume. Mais ce soutien direct ne doit pas masquer un intérêt mutuel! Selon l'Office des changes marocains, les ÉAU sont le deuxième partenaire commercial du Maroc dans le Golfe, le premier étant l'Arabie Saoudite. De son côté, Abu Dhabi profite de la situation stratégique du Maroc au carrefour de l'Europe, du monde arabe, de l'Afrique et de l'Atlantique, pour investir dans les télécoms, les transports, l'énergie et l'immobilier. Ainsi le port de Casablanca et celui de Mohammedia ont-ils été en partie financés par les ÉAU[34].

Depuis quelques années, le *soft power* émirati passe par des interventions à grande échelle mais aussi par de petites initiatives micro-économiques. Attardons-nous sur un exemple. En 2019, l'ambassadeur du pays venait en aide aux populations locales de Beni Mellal touchées par les vagues de froid.

> Dans une allocution prononcée lors d'une cérémonie organisée en présence notamment du wali de la région de Béni Mellal-Khénifra, gouverneur de la province de Béni Mellal, Abdeslam Bekrate et des associations et institutions de protection sociale bénéficiaires, le diplomate émirati a souligné que cette opération humanitaire s'inscrit dans le cadre des relations d'amitié très solides entre les deux pays frères. Elle vise à atténuer les effets de la vague de froid en faveur des populations montagneuses, ajoutant qu'elle est organisée conformément aux orientations du cheikh Khalifa ben Zayed Al Nahyane, président des Émirats Arabes Unis.
>
> Cette aide bénéficie aussi du soutien et du suivi du prince héritier d'Abu Dhabi, commandant suprême adjoint des Forces Armées de l'État des Émirats Arabes Unis, cheikh Mohammed ben Zayed Al Nahyane. Il

---

34. https://www.usinenouvelle.com/article/les-pays-du-golfe-de-modestes-partenaires-commerciaux-pour-le-maroc-mais-de-bons-pourvoyeurs-de-capitaux.N292140

a encore indiqué que cette aide composée notamment de couettes d'hiver et de denrées alimentaires, s'inscrit également dans le cadre de plusieurs autres opérations couvrant l'ensemble du territoire national, ce qui est à même de renforcer davantage les relations de coopération et la solidarité entre le Maroc et les Émirats Arabes Unis.[35]

Comme il semble difficile de résister à l'appel émirati et à sa fortune ! Même ceux qui tentent un instant de résister politiquement se retrouvent sous sa coupe grâce à son arme fatale : le fonds souverain. Simultanément, MBZ poursuivait son travail de sape contre les islamistes du PJD, au gouvernement depuis 2012, ce qui disconvient au président des ÉAU. En janvier 2019, l'ancien premier ministre Abdellilah Benkirane accusait sans fard les ÉAU de les harceler sans relâche[36]. Bref, entre opérations de séduction et tentatives d'ingérence d'un côté, intérêt financier bien compris et rébellion sporadique de l'autre, la relation entre les deux pays fluctue.

Fin 2019, l'administration Trump relance les relations bilatérales entre les deux partenaires[37]. Une fois de plus, le

---

35. https://www.leseco.ma/maroc/73484-beni-mellal-khenifra-don-des-Émirats Arabes Unis-aux-populations-confrontees-a-la-froidure-hivernale.html
36. https://www.yabiladi.com/articles/details/73645/abdelilah-benkirane-accuse-emirats-arabes.html
37. https://www.middleeasteye.net/fr/decryptages/un-accord-politique-entre-trump-et-mohammed-vi-serait-derriere-le-rapprochement-maroc

sport roi tient lieu de symbole : Maroc et Émirats acceptent de prendre part à la Coupe du Golfe arabe, organisée le 26 novembre au Qatar. Pour sa part, les États-Unis se réjouissaient que se profile un nouveau front commun contre l'Iran. En échange, fin 2019, Trump est venu en personne signer un contrat de défense d'un milliard de dollars avec le Maroc. *Business is business!*

12. De la guerre au *business*

Après neuf années de guerre, le maintien au pouvoir de Bachar el-Assad et la défaite de Daech soumettent de nouveau la Syrie à un autoritarisme stable. MBZ y voit de juteuses perspectives. Dès le 8 janvier 2019, les ambassades émiraties et bahreïnies réouvrent à Damas alors que la plupart des Occidentaux traînent des pieds[38]. L'objectif officiel : contrer l'influence iranienne – le lecteur attentif sait que c'est soit ça, soit la lutte antiterroriste ! Néanmoins, en se positionnant ainsi, MBZ brave une fois de plus les résolutions et sanctions des Nations Unies qui condamnent la Syrie, et se range du côté de Moscou. Le 15 mars 2019, est signé un accord entre la Russie et les Émirats Arabes Unis, qui permet aux Émirats de devenir le premier partenaire économique de la Syrie[39].

---

38. https://www.aljazeera.com/indepth/opinion/uae-bahrain-open-em-bassies-syria-190107165601089.html
39. https://agsiw.org/uae-and-russia-find-common-ground-on-syria/

Or, en 2011, les ÉAU soutenaient les groupes rebelles au régime de Bachar el-Assad tout en conservant quelques relations avec Damas. La guerre au Yémen a conduit les Émirats à se retirer du terrain syrien. Néanmoins, les hommes d'affaires émiratis restaient à l'affût...

À la fin de 2011, les Émirats avaient commencé à accueillir les hommes d'affaires syriens résidant aux Émirats Arabes Unis et opposés au régime de Damas. En novembre 2012, la Chambre de commerce et d'industrie de Dubaï a organisé une conférence intitulée « Un partenariat pour investir dans l'avenir de la Syrie », sous le patronage du ministère des Affaires étrangères des Émirats Arabes Unis et avec la participation de nombreux hommes d'affaires syriens basés aux ÉAU pour relancer l'économie dans l'ère post-Assad. Les hommes d'affaires syriens présents à la conférence ont déclaré qu'ils investiraient 1 milliard de dollars américains dans divers secteurs de l'économie syrienne (immobilier, services, santé et éducation) en cas de chute du régime d'Assad[40].

Au plus vite, les délégations émiraties se pressent en Syrie, car il est urgent de reconstruire. En contribuant, avec la Russie, à la résurrection de ce pays ravagé, les ÉAU confortent le dictateur qui a entraîné la mort de centaines de milliers de Syriens. Face à l'opprobre général, les entrepreneurs doivent

---

40. https://cadmus.eui.eu/handle/1814/64727

donc rester discrets. Dans la capitale syrienne, le drapeau émirati ne se cache plus, mais les 38 hommes d'affaires présents à la Foire Internationale de Damas, en 2019, ont évité les médias. L'ambassade américaine avait été claire : « Il est inacceptable et inapproprié pour les hommes d'affaires, les particuliers et les chambres de commerce hors de Syrie d'y participer.»[41] Selon Washington, Abu Dhabi devrait donc être passible de sanctions internationales. Passez muscade ! Dans les faits, les Émirats Arabes Unis renforcent progressivement leur engagement avec la Syrie sous forme d'aide humanitaire et d'investissement dans le secteur du divertissement. Au cours des dernières semaines du ramadan 2019, des colis de nourriture sont distribués sur la place Marjeh, dans le centre de Damas, avec l'emblème des Émirats Arabes Unis. Le camion transportant l'aide portait une pancarte indiquant : « Don de Son Altesse Sheikha Latifa Bin Mohammad Ben Rachid al-Maktoum, épouse du prince héritier d'Al Fujairah, l'un des sept émirats des Émirats Arabes Unis. »[42]

En Syrie, MBZ n'a pas une priorité, il en a trois :

• l'immobilier,

• le transport et

• le commerce.

Les hommes d'affaires émiratis ne semblent pas bouder leur plaisir. En décembre 2018, Damac Properties, l'un des

<hr>

41. https://www.middleeasteye.net/news/uae-business-delegation-syria-turns-heads-and-avoids-media-attention
42. https://www.asiatimes.com/2019/05/article/uae-using-soft-power-in-syria-after-7-year-frost/

12. De la guerre au business

plus importants promoteurs immobiliers des ÉAU et du monde arabe, a envoyé une délégation à Damas pour rencontrer des représentants de deux sociétés syriennes, Telsa Group et al-Diyar al-Dimashqiah. Le propriétaire de ce dernier est Mohammad Ghazi al-Jalali, ancien ministre de la communication et actionnaire minoritaire, qui siège au conseil de Syriatel. Plus généralement, les sociétés de développement immobilier des ÉAU telles que Reportage Properties, Rotana, Arabtec et Horizon Energy LLC étaient bien représentées à la Foire internationale de Damas en 2019. Côté tourisme, ça a démarré aussi très tôt, comme le montre l'autorisation de restauration d'un hôtel quatre-étoiles tombée en juillet 2018 au profit de Coral Hotels, des ÉAU, et de son partenaire local Julia Dumna, pour environ 1,7 million de dollars américains.

Côté transports, les ÉAU ne comptent pas être en reste. En 2017, ils constituaient le septième ou le huitième marché des exportateurs syriens, représentant 44,5 millions de dollars américains, surtout grâce aux

- graisses et huiles ;
- articles en pierre, amiante et matériaux similaires ;
- perles, pierres et métaux précieux et semi-précieux ; et
- café, thé, maté et épices.

Toutefois, la balance commerciale était clairement en faveur des Émirats arabes unis, les exportations à destination de la Syrie ayant frôlé le milliard de dollars américains la même année, et augmenté de 50 % l'année suivante... même si ce chiffre est un trompe-l'œil permis par la masse de produits chinois transitant par Dubaï afin d'être relabellisés « émiratis ». DP World est sur le qui-vive, car la Syrie est une passerelle unique vers la mer Méditerranée. Début janvier 2019, l'entreprise a annoncé la création d'un corridor de transport de 2500 km reliant Jebel Ali (Dubaï) au poste-frontière Nassib-Jaber, entre la Jordanie et la Syrie. L'exploitant du terminal a déclaré que le nouveau corridor permettrait une étroite collaboration entre les autorités douanières et les prestataires de services logistiques des Émirats Arabes Unis, d'Arabie Saoudite, de Jordanie, de Syrie et du Liban, afin de créer un flux de marchandises plus efficace à destination et en provenance de Syrie. Le gain de temps est considérable, le transport passant officiellement de 24 à 6 jours.

Les liens entre les ÉAU et la Syrie sont forts, importants et pour partie réciproques. En effet, la communauté syrienne a toujours été très présente dans les ÉAU. Traditionnellement portés vers le *business*, les Syriens émigrés ont joué, depuis 2011, un rôle d'intermédiaire essentiel pour ne pas perdre de vue les perspectives de contrats qui allaient s'ouvrir après la fin du conflit. Depuis la révolution syrienne, les ÉAU ont étendu le nombre de permis de résidence à plus de 100 000 Syriens, dont 6000 investisseurs, académiques, entrepreneurs. Fin 2020, 240 000 Syriens vivent aux ÉAU et y opèrent essentiellement dans la construction, les médias, la santé et le tourisme.

13. De Marib à Djibouti

Chez de nombreux chefs d'État, le *business* et l'influence géopolitique primeront toujours sur les considérations éthiques. En témoignent les activités de MBZ en Tchétchénie, où Vladimir Poutine a imposé, depuis 2007, la férule de Ramzan Kadyrov. Objectif, désormais connu : servir de garde-fou contre la résurgence de l'islam radical dont était venu à bout en son temps Poutine en rasant Grozny en 2000. Régulièrement, Kadyrov est invité en grande pompe et avec chaleur par MBZ aux Émirats. Toutes les occasions sont bonnes : ramadan, tourisme, vacances, évènements sportifs. Les bons comptes faisant les bons amis, les ÉAU investissent beaucoup dans le pays, leur objectif officiel étant en ligne avec celui de la Russie.

En 2016, Abu Dhabi a organisé une grande conférence islamique chargée d'insister sur les fondamentaux de l'orthodoxie sunnite. Pourtant, Kadyrov émaille ses discours d'obsédants « Allah Akbar », signe qu'il est le chantre d'un islam pour le moins strict, toléré par le voisin et parrain russe. Ni Poutine, ni MBZ ne s'offusquent de ses propos à l'égard des femmes et des homosexuels, pas plus qu'ils ne l'appellent à modérer ses emportements à l'encontre d'autres pays. La conservation d'un allié dans la région du Caucase du Nord est aussi à ce prix[43] !

C'est ce même pragmatisme qui guide le comportement des ÉAU au Yémen. La région est chargée d'affect pour les Émirats comme pour l'Arabie Saoudite : la tribu des Al Nahyan, qui a essaimé dans le nord de la péninsule, en est originaire. Le Yémen est donc perçu comme le berceau des origines. Voilà une raison supplémentaire pour laquelle les Émirats se sont mis en tête de le réinvestir et en faire un État solide. Évidemment, la justification ethnologique s'adosse à un projet de *business*, ainsi que me le résumait fin octobre 2019 le chercheur Bassam Taham, lors d'un entretien.

Depuis quelques années, les Émirats ont pris conscience que, bientôt, ils n'auraient plus de pétrole. Ils ont alors pensé au Yémen. Dans l'Histoire, les ports du Yémen, dont les plus connus sont Aden et Hodeida, sont des places très importantes, jadis exploitées par les Portugais puis par les Anglais. La guerre dans laquelle les ÉAU se sont investis dès 2015 leur permettait de poursuivre leur rêve d'aller investir là-bas. Mauvais

---

43. https://www.lemonde.fr/blog/filiu/2020/12/13/les-liaisons-dangere-uses-des-emirats-avec-des-ennemis-declares-de-la-france/

calcul : les Iraniens n'avaient aucune intention de leur céder la place. Ils ont donc soutenu les Houthis.

Le Yémen est le pays des échecs politiques. Échec des rebelles qui ont cru en 2011 à un Printemps yéménite ; échec de l'Arabie Saoudite, des ÉAU et de la France, qui ont soutenu la répression de la rébellion. En ce sens, significatif est l'acharnement de Riyad et d'Abu Dhabi à vouloir prendre le contrôle du pays à tout prix, quel que soit le nombre de morts. À la géostratégie liée au contrôle des voies maritimes s'ajoute le projet d'y établir une annexe politique et idéologique. Aux yeux de MBZ, pas question que la révolution chiite ne gangrène la botte de la péninsule, ni que l'Iran prenne en étau les deux pays en soutenant impunément la rébellion houthie qui sévit au Sud. Le chef d'État se méfie à la fois de Téhéran et de Sayed Hasan, porte-parole des forces armées yéménites. Celui-ci n'a-t-il pas affirmé que, dès qu'il le souhaiterait, il serait en capacité d'abattre les tours de verre de l'arrogante, capitaliste, et occidentalo-compromise Dubaï[44] ? Il faut donc s'occuper au plus vite de cette menace.

D'autant qu'asseoir sa domination sur le Yémen, c'est prendre du galon dans le monde arabe. En effet, la famille princière est issue de la tribu des Al Bu Falah, une branche de la confédération tribale des Bani Yas, dont les ancêtres

---

44. https://lecridespeuples.fr/2019/09/23/le-yemen-menace-de-faire-voler-en-eclats-les-tours-de-verre-de-dubai-et-dabu-dhabi/

13. De Marib à Djibouti

prendraient racine dans la région de Marib. Or, Marib est la région d'origine de nombreuses tribus arabes, en l'espèce les Qahtanides, les Arabes du Sud. De plus, la ville abrite un monument fondateur : un barrage réputé avoir été construit trois millénaires plus tôt. Aujourd'hui en ruine, il constituait une des merveilles de l'ingénierie antique ; et il constitue encore la clé de voûte de la diaspora des tribus locales. En effet, son effondrement, aux alentours de l'an 575 a entraîné la défaillance définitive du système d'irrigation. Partant, de nombreuses tribus ont dû s'exiler à partir vers d'autres régions de la péninsule Arabique – c'est ce que l'on a appelé le « Gulf Stream ethnique » des tribus arabes.

Aussi la ville de Marib revêt-elle une signification particulière pour Cheikh Zayed ben Sultan Al Nahyan, le fondateur des Émirats Arabes Unis. Au point que, en 1984, il ordonne la reconstruction du barrage afin de fournir de l'eau et de l'électricité à la région de Sanaa et Marib. Il finance personnellement ce projet de 100 millions de dollars et l'inaugure le 26 décembre 1986. MBZ s'est souventes fois rendu à Marib. Sa fierté pour son héritage yéménite n'est un secret pour personne. Cheikh Zayed avait même invité des Yéménites de la région de Marib à venir aux Émirats, leur octroyant la nationalité émiratie en vertu des racines tribales ancestrales. Des centaines de Socotrans se sont également installés dans l'émirat d'Ajman. Chemin faisant, la population d'origine yéménite aux Émirats Arabes Unis est devenue significative. Parmi ses ressortissants, on trouve nombre de *traders* de Dubaï... et quelques richissimes individus ayant investi leur fortune plus ou moins interlope à Abu Dhabi ou à Dubaï. L'exemple le plus conséquent est sans doute constitué par la famille de feu le président Ali Abdallah Saleh, à qui on attribuait une fortune estimée à entre 30 et 60 milliards de dollars accumulée en 33 ans de pouvoir, et dont le fils aîné, Ahmed Ali Saleh demeure l'hôte encombrant de MBZ à Abu Dhabi.

Dans ce contexte, plurimillénaire et pimenté par des enjeux tant financiers que géostratégiques, les ÉAU sont particulièrement sensibles aux soubresauts du Yémen. Ils sont partie prenante de la guerre depuis mars 2015. Le 24 novembre 2015, MBZ a reçu au palais Al Shati les chefs et les dignitaires des tribus Marib, emmenés par le gouverneur de Marib Sultan Ben Ali Al Arrada. Les accompagnait le brigadier Mussalam Al Rashedi, commandant de la Force de libération de Marib qui participe à la coalition arabo-sunnite contre les Houthis. Néanmoins, dans ce bourbier meurtrier, rien n'est simple et tout se complique. La motivation de MBZ paraît limpide : il s'agit de contenir l'Iran en contenant les remuants Houthis aux frontières méridionales du royaume saoudien. La réalité est plus compliquée.

Par exemple, Abu Dhabi a décidé de soutenir les velléités sécessionnistes du Southern Transitional

13. De Marib à Djibouti

Council, le Conseil de transition du Sud, alors qu'il s'agit en théorie d'alliés du président Abd Rabbo Mansour Hadi. Autre exemple : les Émirats Arabes Unis ont manifesté en juillet 2019 leur volonté de désengagement opérationnel au Yémen. Sauf que, dans les faits, ce vrai-faux retrait ne change rien, dans la mesure où Abu Dhabi conserve des relais locaux miliciens entraînés et bien implantés, chargés de préserver ses intérêts immédiats – en l'espèce, la maîtrise des littoraux du sud de la péninsule arabique afin de s'assurer le contrôle des voies de communication maritimes et des détroits.

Apprenant de leur contentieux territorial concernant les îles d'Abu Musa et de Petite et Grand Tomb, les Émirats Arabes Unis ont développé une stratégie de sécurisation de leurs voies maritimes[45] qui transitent par le détroit d'Ormuz et de Bab el Mandeb. *Ceteris paribus*, il s'agit de la stratégie chinoise dite du « collier de perles » : pour s'assurer que les voies restent ouvertes à ses navires, il convient de construire, le long des espaces maritimes à contrôler, ports et bases militaires. D'où la présence des ÉAU dans la Corne de l'Afrique, sur la mer d'Arabie, la mer Rouge voire, dans l'océan Indien, aux Maldives, aux Seychelles et aux Comores. Grâce à la manne pétrolière et gazière, dopée par la prise de contrôle de l'île de Socotra, Abu Dhabi finance activement une politique d'influence sur les côtes africaines, avec des

---

45. https://www.lemonde.fr/international/article/2018/06/01/les-Émirats Arabes Unis-architectes-d-un-nouvel-empire-maritime_5308119_3210.html

réussites variables. L'affaire est réussie en Érythrée grâce à la signature d'un bail sur le port d'Assab, en 2015 ; elle reste incertaine au Somaliland ; et elle a échoué à Djibouti, après l'annulation des accords en février 2018. Étonnant mais rassurant : même la puissance de MBZ rencontre parfois des résistances insurmontables...

14. Des crimes à l'échec

Ses ressorts symboliques et géostratégiques ne doivent pas cacher la réalité de la guerre au Yémen. Il s'agit d'une des plus graves crises humanitaires de ces dernières années. Entre 2015 et 2019, elle a tué plus de 100 000 victimes, dont au moins 80 000 enfants. Cependant, ces chiffres terribles ne dévoilent qu'une partie du désastre. Il faut aussi évoquer les deux millions de Yéménites déplacés, la famine, la pauvreté et le manque d'eau potable provoqués par les bombardements qui ont duré quatre ans et abouti à un résultat quasi nul pour la coalition. En 2021, 70 % de la population n'a plus accès l'eau potable ; 50 % ne bénéficie d'aucun soin de santé ; et 80 % des Yéménites dépendent de l'aide humanitaire.

Selon le Comité international de la Croix Rouge, uniquement sur les premiers six mois de 2019, plus de 3 millions d'individus ont bénéficié des activités de l'organisation dans le domaine de l'eau ; près de 400 000 personnes ont reçu différentes formes d'assistance notamment en matière de nourriture, 7000 détenus ont pu bénéficier d'accès à l'eau potable, et 255 000 patients ont reçu des soins d'urgence. Pour Human Rights Watch, il est prouvé que, depuis 2015, au moins 90 frappes de la coalition internationale ont visé délibérément des civils, des maisons, des écoles, des hôpitaux, des mosquées, des mariages ou des bus remplis d'enfants[46].

Le tandem émirato-saoudien est aussi accusé d'avoir utilisé des armes chimiques. Jamal Khashoggi aurait été assassiné parce qu'il était sur le point de révéler de tels faits, ce qui aurait obligé la communauté internationale à réagir en dépit de sa complaisance pour MBZ[47]. Infraction à l'interdiction des armes chimiques de 1997, signée et ratifiée par l'Arabie Saoudite, crimes de guerre et crimes contre l'humanité n'auraient plus permis de prolonger le silence des nations. Ç'aurait été doublement justice : pour les victimes et contre l'Arabie Saoudite qui, en avril 2018, par le biais de la Ligue arabe, demandait toujours une enquête sur les armes chimiques qu'aurait utilisées le régime de Damas. Selon un proche du journaliste, les assassins d'État auraient agi contre Jamal Khashoogi alors que la Grande-Bretagne était au courant du complot qui se tramait. L'accusation demande à être étayée, mais elle n'est pas absurde. La Grande-Bretagne et les États-Unis appuient l'intervention anti-Houtis. Si les ÉAU et l'Arabie saoudite tombait, n'auraient-ils pas été éclaboussés eux aussi ?

------

46. https://www.hrw.org/fr/world-report/2019/country-chapters/326295
47. https://www.express.co.uk/news/world/1037378/Khashoggi-murder-news-saudi-arabia-chemical-weapons-use

Parmi les techniques de guerre susceptibles d'interpeler, les moins choquantes ne sont pas les activités de la société Black Shield, que nous avons évoquée. L'entreprise recrute de la chair à canon parmi les jeunes, au Soudan, au Tchad et en Ouganda sous prétexte de les former aux ÉAU afin de surveiller les frontières émiraties. Dès qu'ils arrivent, on leur confisque leurs papiers et leur téléphone avant de les mener au front. Aucun n'en revient.

C'est en voyant monter les polémiques que MBZ s'est décidé à annoncer son retrait du Yémen. La crédibilité de cette déclaration peut être sujette à caution. Pourquoi avoir espéré si longtemps une issue favorable pour lui alors que les experts donnaient, d'emblée, la coalition perdante avec l'entrée en scène de l'Iran en soutien aux Houthis ? Au mois d'avril 2019, Arabie Saoudite et ÉAU se félicitaient encore du choix stratégique de Donald Trump de ne pas avoir voté une résolution exigeant l'arrêt des bombardements, de l'intervention de la coalition et des massacres. Alors, comment expliquer, trois mois plus tard, la versatilité pusillanime dont semble témoigner le retournement ? Outre la pression médiatique, la volonté de ne pas aviver les tensions avec l'Iran peut avoir joué. Après tout, à défaut d'installer un gouvernement à sa botte, les Émirats et l'Arabie Saoudite avaient réussi pour partie leur pari de contenir Téhéran.

Aujourd'hui, l'échec patent des ÉAU et de son affidé (qui, lui, voulait rester au Yémen), malgré les massacres et les tortures infligés aux Yéménites, prouve que seule une sortie de crise négociée est envisageable. Or, la solution politique traîne tant que grand est le risque de voir émerger des pouvoirs militaires, encouragés par l'indifférence complice de la communauté internationale. Ne pas agir diplomatiquement serait plus qu'une faute gravissime : ce serait un crime de plus qui s'ajouterait à tous ceux qui sont, d'ores et déjà, connus et documentés.

Pourtant, il y a fort à parier que compter sur Paris pour sonner la charge relèverait de l'utopie. Au moins trois raisons expliquent que la France éprouverait plus qu'une certaine gêne à tancer les Émirats sur ce sujet.

D'abord, les ÉAU sont considérés par l'équipe d'Emmanuel Macron comme « le seul véritable partenaire de confiance » parmi les pétromonarchies : c'est ce que l'Élysée a stipulé à l'occasion de la visite à Paris de Mohammed ben Zayed Al Nahyan, le 8 novembre 2017. La proximité entre les deux États est un marqueur différenciant de sa politique, dans lequel le président français tâche néanmoins d'injecter une dose de son célèbre « en même temps ». Ainsi que me le résumait Olivier Da Lage, lors d'un entretien,

> Nicolas Sarkozy s'appuyait sur le Qatar, François Hollande sur l'Arabie Saoudite ; Emmanuel Macron a marqué sa différence en renforçant les liens avec les Émirats sans pour autant rompre ni avec le Qatar, ni avec l'Arabie Saoudite. Tout est affaire de degré. Avec les ÉAU, la dimension militaire est essentielle, dans la mesure où la base française d'Abu Dhabi est la seule

dont dispose la France au Moyen-Orient, et que la coopération militaire entre la France et les Émirats est à la fois ancienne et très étroite (comme avec le Qatar, d'ailleurs).

Olivier Da Lage appuie là où le bât blesse : la deuxième raison qui briderait la France, à supposer qu'elle eût le désir de mettre les ÉAU face à la réalité de leurs exactions, réside dans la dimension militaire de ce « partenariat de confiance ». D'une part, la position géographique des ÉAU est essentielle pour l'armée hexagonale ; et, d'autre part, entre janvier 2008 et juillet 2017, les ÉAU pointaient au sixième rang des exportations d'armes françaises. En y ajoutant les exportations vers l'Arabie saoudite, qui émarge au deuxième rang, on frisait les 15 milliards d'euros de chiffres d'affaires[48]. Le rapport au Parlement sur les exportations d'armement de la France de 2021 nuançait, sur un an, le propos : les ÉAU n'étaient plus que les neuvièmes importateurs, mais l'Arabie Saoudite chipait le premier rang aux États-Unis ; de sorte que, au total, les deux amis pesaient, sur 2020, la bagatelle de 833,3 millions d'euros, soit 16 % d'un marché en net recul pour cause, officiellement, de crise sanitaire[49]. Il serait fort malvenu d'indisposer de si bons clients, qui représentent à eux seuls 1/6 des exportations hexagonales d'armement !

____

48. https://www.vie-publique.fr/sites/default/files/rapport/pdf/184000683.pdf
49. https://www.lemonde.fr/international/article/2021/06/03/paris-met-l-accent-sur-ses-ventes-d-armes-a-l-europe_6082652_3210.html

14. Des crimes à l'échec

Une troisième raison, liant les ÉAU et la France dans un pacte quasi faustien, la littérature en moins, synthétise les deux premières : des canons CAESAR, de fabrication française, ont été utilisés dans le conflit yéménite. Positionnés à la frontière saoudienne, ils ont officiellement des fins défensives mais, forts de leur portée de 42 kilomètres, « appuient également les troupes loyalistes, épaulées par les forcées armées saoudiennes, dans leur progression en territoire yéménite ». Précisons que l'auteur de cette révélation n'est pas un enquêteur d'une ONG locale qu'un esprit suspicieux balaierait d'un revers de main ou d'un froncement de sourcil méprisant. Il s'agit d'une note authentique de la Direction du renseignement militaire (DRM), révélé par *Disclose* et Arte[50]. L'organe officiel estime que 437 000 personnes peuvent être touchées par des bombardements. Or, selon le site d'investigation, 52 tirs d'artillerie ont visé les périmètres exclusivement couverts par ces canons français, tuant 35 civils.

Et ce n'est pas tout ! Il est attesté que des chars Leclerc, vendus par la France aux Émirats Arabes Unis, sont utilisés lors d'offensives de la coalition sur le territoire yéménite, selon les journalistes de *Disclose.* Pire, si le « pire » a encore un sens à l'aune de ces infamies, les armes françaises servent à affamer la population déjà exsangue. Parmi d'autres, plusieurs hélicoptères de fabrication française participent

____

50. https://made-in-france.disclose.ngo/fr/chapter/yemen-papers/ et https://www.arte.tv/fr/videos/086089-022-A/yemen-des-armes-made-in-france/

au blocus du port d'Al-Hodeïda[51], servant une « stratégie de la famine »[52] qu'appuie également une frégate modernisée par Naval Group, société française[53], et d'autres hélicoptères hexagonaux précipités au cœur du blocus maritime organisé par la coalition[54].

Ces révélations sont constitutifs d'un mensonge d'État prononcé sur France Inter par Florence Parly, alors ministre des Armées, en janvier 2019, quand elle affirme « n'avoir pas de preuve que des armes françaises sont à l'origine de victimes civiles au Yémen ». Le rapport de la DRM, nettement antérieur, prouve le contraire. La ministre savait, sans le moindre doute possible, que, « contrairement au discours officiel de Paris, le matériel vendu à Riyad sert de façon offensive et non simplement défensive »[55], ce qui est interdit par les conventions dont la France est signataire. L'implication des armes tricolores au Yémen est un exemple criant de liens troubles entre la sphère émiratie et l'Hexagone ; mais elle n'est pas le seul, loin de là !

---

51. « Une note « confidentiel-défense » détaille l'emploi des armes françaises au Yémen », *Le Monde*, 15 avril 2019
52. « Révélations : voici la carte des armes françaises au Yémen, selon un rapport confidentiel défense », *France Inter*, 15 avril 2019
53. *France Culture*, 16 août 2018. Voir aussi Anne Poiret, *Mon pays vend des armes*, Les Arènes, mai 2019
54. « Blocus du Yémen : des vidéos prouvent la participation de navires vendus par la France », *Mediapart*, 17 septembre 2019
55. « Armes françaises au Yémen : le document missile », *Libération*, 15 avril 2019

15. De la bataille du train à la conquête des mosquées

Depuis quelques années, la relation entre la France et les ÉAU n'est pas que commerciale en général et militaire en particulier. Elle est aussi, notamment,

- politique (pour jouer un rôle dans la gestion des soubresauts qui secouent le Moyen-Orient, la France doit entretenir des liens solides avec les pays du Golfe) et
- religieuse (les ÉAU et l'Arabie Saoudite escomptent influencer l'islam politique dans l'Hexagone).

Sur tous ces plans, même si le lien s'est distendu quelquefois, Paris est historiquement proche des pays du Golfe. Jacques Chirac était un grand ami du roi Abdallah. Même Nicolas Sarkozy, pourtant réputé pro-américain et pro israélien, a su nouer une relation de confiance avec ledit Abdallah... avant que sa proximité avec Bachar al-Assad, affichée sur les Champs-Élysées lors du défilé du 14 juillet 2008, ne rende furieux le monarque saoudien. L'échec de la France lors de l'appel d'offres pour la ligne à grande vitesse reliant La Mecque à Médine (ce sont les Espagnols qui l'ont emporté) n'a pas contribué à dissiper la fâcherie. Aujourd'hui, certains persistent à accuser Nicolas Sarkozy d'avoir vendu son pays au Qatar, un émirat capable

- d'investir dans le monde entier afin d'assurer son avenir quand le pétrole sera épuisé, et
- de distribuer du rêve en rachetant le club de football du Paris-Saint-Germain.

À partir de 2012, François Hollande manifeste sa volonté de parvenir à un accord avec l'Iran. Laurent Fabius, son ministre des Affaires étrangères, s'y engage sans ménagement. Ces dispositions rassurent l'Arabie Saoudite et contribuent à retisser le lien entre la France et les ÉAU. En 2017, Emmanuel Macron s'installe à l'Élysée et tâche de ménager les chèvres et les choux. Ainsi, quelques mois après son élection, il inaugure le Louvre d'Abu Dhabi puis se rend à Riyad et à Doha, histoire de manifester son attachement aux trois pays du Golfe.

Abu Dhabi apprécie particulièrement la tonalité politique propre au président français. La loi sur le séparatisme et la nouvelle promotion d'une « laïcité à la française » lui donnent deux occasions de se frotter les mains. En effet, les ÉAU rejoignent Paris sur deux lignes de conduite : la lutte contre le terrorisme (dans l'Hexagone, contre l'islam radical) ; et la laïcité (qui fait écho, dans les Émirats, aux freins opposés aux Frères musulmans). Les deux lignes sont liées. Fondées sur l'idée d'une lutte contre un danger armé, elles illustrent ce qu'Andreas Krieg a appelé la *weaponisation of narratives*, la « militarisation des narratifs »[56].

Or, au-delà des échanges diplomatiques placés sous la lumière des projecteurs, c'est aussi dans le domaine religieux que se joue la relation entre les Émirats, l'Arabie Saoudite et la France. En témoigne la bataille autour des mosquées françaises. En gros, celles-ci sont principalement contrôlées par trois États :

- la Turquie,
- le Maroc et
- l'Algérie.

Néanmoins, la répartition n'est ni aussi claire, ni aussi stable qu'elle semble l'être. Ainsi, malgré son appétit aussi dévorant que celui de ses concurrents, la Turquie, pointée du doigt par un sénateur italien pour financer la moitié des mosquées françaises, ne chapeauterait qu'un sixième des quelque 2 600 lieux de culte musulmans sis dans l'Hexagone. Certes, elle fournit 50 % des imams détachés, envoyés officiellement par le gouvernement turc pour pallier le manque d'imams français ; mais ceux-ci représentent moins d'un dixième des imams installés en France (entre 1 500 et 1 800). De plus, l'islam turc est lui-même divisé entre la branche modérée du Ditlib, sous la coupe du ministère turc des affaires religieuses, et la Confédération islamique Millî Görüş, proche des Frères musulmans et récemment sous le feu des projecteurs à l'oc-

------

56. https://www.researchgate.net/publication/331436035_The_Weaponization_of_Narratives_Amid_the_Gulf_Crisis_The_Anatomy_of_a_Crisis

15. De la bataille du train à la conquête des mosquées

casion de l'esquisse de subvention municipale proposée pour soutenir le projet de mosquée strasbourgeoise[57].

Partant, il est pour le moins complexe d'évaluer formellement la répartition des influences étrangères sur l'islam français. L'opacité de chiffres parfois contradictoires épaissit le débat. La volatilité de la situation aiguise les appétits des différentes factions en jeu. C'est dans ce contexte que les pays du Golfe assument de plus en plus ouvertement leur ambition de devenir un acteur important. Longtemps en retrait, ils étaient traditionnellement considérés comme proches de la Turquie. Or, curieusement, malgré les moyens dont disposent les Émiratis, *hic et nunc*, les velléités d'entrisme d'Abu Dhabi ne semblent pas toujours couronnées de succès.

Ainsi, en 2019, un ancien ministre émirati a participé à un *iftar* (un repas pris après le coucher du soleil pendant le ramadan) dans la mosquée d'Évry-Courcouronnes. Surprenant, car la mosquée d'Évry est régie par l'Union des Mosquées de France, proche du Maroc. La pression du royaume a vite signifié au dignitaire émirati, au cas où il serait venu en repérage, que ce lieu de culte était une chasse gardée. La mise en garde a dû sembler assez crédible pour pousser Abu Dhabi à changer de cible et à voir encore plus grand.

Direction, cette fois, le *nec plus ultra* de la mosquée française : la Grande mosquée de Paris, fondée en 1926 par le sultan marocain Moulay Youssef.

---

57. https://www.lemonde.fr/les-decodeurs/article/2020/11/05/que-pese-vraiment-la-turquie-dans-l-islam-de-france_6058644_4355770.html

Les Émirats Arabes Unis à la conquête du monde

L'affaire se noue le 5 mai 2020. Les médias sont alors plus concentrés sur la crise sanitaire que sur le ramadan. C'est donc ce jour-là que Chems-Eddine Hafiz, avocat d'origine algérienne, élu recteur de la Grande mosquée de Paris et vice-président du Conseil français du culte musulman, dénonce le fait que l'exécutif permette l'organisation de rassemblements religieux pour les chrétiens lors de la Pentecôte, à la fin du mois, et pas pour la fête de l'Aïd. Cette expression de colère pourrait sembler spontanée. Erreur : elle est lourdement chargée en symboles.

D'abord, elle exprime une tension interne qui ne cesse de croître au sein de la première mosquée de France, entre modérés laïcs, d'une part, et, d'autre part, radicaux sensibles aux influences étrangères toujours plus pressantes. Autrement dit, la lutte bat son plein entre paisibles Marocains et Algériens enflammés. Et Chems-Eddine Hafiz a de la suite dans les idées : le 19 mai 2021, il conclut un partenariat entre la Grande mosquée et la Licra pour susciter « des actions pédagogiques (...) et une production commune d'analyses s'agissant par exemple du racisme antimusulman, de la laïcité, de l'universalisme et des valeurs républicaines ». Ce faisant, l'imam continue d'étendre sa toile en structurant le « pôle des fédérations musulmanes issues de la fracturation du Conseil français du culte musulman »[58].

____

58. https://www.lemonde.fr/societe/article/2021/05/20/con-tre-le-racisme-antimusulman-la-licra-et-la-grande-mosquee-s-al-lient_6080787_3224.html

15. De la bataille du train à la conquête des mosquées

Quelle place pour les Émirats dans cette tectonique des plaques qui ébroue la pratique de l'islam dans l'Hexagone ? Pour le moment, elle paraît liée aux acteurs algériens. En effet, les ÉAU ont beaucoup investi dans une Algérie longtemps mal en point au point. En 2021, leur influence politique sur Alger n'est même plus un secret de polichinelle. Aussi, derrière la critique de la laïcité asymétrique que pratiquerait la France, subodore-t-on le jeu trouble des ÉAU *via* leurs nouveaux amis algériens.

Selon cette conjecture, l'attaque de Chems-Eddine Hafiz chercherait autant à affirmer sa ligne propre qu'à donner des gages aux Émiratis et, plus largement, à toute l'Afrique. En mai 2021, n'affirmait-il pas que son initiative était notamment soutenue par la Fédération française des associations islamiques d'Afrique, des Comores et des Antilles ? Rien d'illogique : pour partie grâce au soutien émirati, l'Algérie est en train de retrouver une place de choix dans le continent. Cette remontée en puissance est confortée par le recul de la France, dont la présence et l'action sont de plus en plus contestées. Dès lors, dénoncer l'islamophobie de la France permet de chicoter l'Hexagone sur son propre sol, après l'avoir refoulé d'Afrique.

Un détail confirme cette hypothèse : sur une affiche qui circule sur internet, une gravure illustrant la grande Mosquée de Paris illustre un appel au respect du confinement. Néanmoins, en haut à gauche, figure le logo du Conseil mondial des communautés musulmanes. Présidé par Ali

Rashid Al Nuaimi, ce conseil, d'origine émiratie et réputé proche des services de renseignements d'Abu Dhabi, est à l'origine des offensives religieuses en cours en Europe.

Que conclure de ces éléments, macroscopiques ou microscopiques ? Peut-être qu'il ne faut pas laisser une nouvelle puissance étrangère infiltrer l'islam hexagonal, alors que les Émiratis comme les Saoudiens ont compris que leur argent et leur entregent leur donnaient une voix susceptible de peser – et pas qu'en France, d'ailleurs ! Ainsi, en 2020, la lutte pour le pouvoir au sein de l'Exécutif des musulmans de Belgique a vu la victoire du Belgo-marocain Salah Echalaoui. Celui-ci espère ainsi contenir l'influence historique de l'islam wahhabite et salafiste de l'Arabie Saoudite. Même si la problématique, les nomenclatures spécifiques et les enjeux peuvent sembler complexes aux non-initiés, il convient de prendre garde à la provenance des fonds susceptibles d'appuyer le développement d'un islam européen réarrangé à la mode d'Abu Dhabi, c'est-à-dire un islam radical, peu adapté, en dépit de leur diversité, aux spécificités des musulmans occidentaux.

16. Des fonds obscurs
aux joyaux des Émirats

Dans ce contexte très religieux, il peut sembler curieux qu'une fédération d'émirats paraissant avoir pour projet de développer un islam à sa main dans l'Hexagone, s'investisse dans une problématique politique en sauvant du désastre un parti dont le tropisme pro-musulman n'est pas la principale caractéristique. Pourtant, c'est un lien de plus entre les Émirats et la France qu'a révélé Mediapart, fin juin 2017, en montrant comment le Front national a été sauvé depuis les ÉAU. Aussi incroyable que cela semble, le parti lepéniste a pu déposer des comptes de campagne à l'équilibre grâce à un prêt de 8 millions d'euros venu d'une banque émiratie, intermédiaire entre le parti et Noor Capital. Noor, « lumière » en arabe, est une société de gestion d'actifs basée à Abu Dhabi.

À la manœuvre de ce contrat signé en République centrafricaine, se trouve Laurent Foucher, un entrepreneur dans la droite ligne de l'ancienne Françafrique. Pour sa défense, l'homme affirme avoir réalisé une bonne affaire, dans la mesure où son prêt a permis au parti de se faire rembourser ses dépenses de campagne d'environ six millions d'euros, donc de lui rembourser le capital et les intérêts de 6 % courant sur huit mois. Comme l'a pointé *Marianne*, cela ne manque pas d'ironie : en 2016, un eurodéputé « conseiller stratégie et économie de Marine Le Pen » avait mis son veto à un financement « en provenance du Moyen-Orient » car, expliquait-il, « si on acceptait, on ne serait plus crédible »[59].

Une hypothèse a été évoquée : en réalité, Noor Capital pourrait n'être lui aussi qu'un intermédiaire entre de hauts dignitaires émiratis et le parti, habitué aux soutiens sulfureux – les lepénistes n'avaient-ils pas bénéficié quelques années plus tôt d'un versement russe ? Cette éventualité ne laisse pas de surprendre. Le Front – devenu, en 2018, Rassemblement – national n'est pas réputé pour son inclination envers l'islam et ses adeptes. Pourquoi un pays musulman soutiendrait-il une telle fraction politique ?

Improbable est l'idée qu'il s'agisse de jeter de l'huile sur le feu en encourageant l'expression islamophobe pour exacerber les tensions. En revanche, il est possible que la mouvance lepéniste, à l'instar d'autres gouvernements européens dotés de gouvernements proches d'une idéologie d'extrême-droite, soit considérée comme un garde-fou pratique contre l'islam radical symbolisé, aux yeux des ÉAU, par les Frères musulmans. En ce sens, soutenir le Front aurait été une sorte de

---

59. https://www.marianne.net/politique/comptes-de-campagne-ces-8-millions-venus-des-emirats-qui-ont-sauve-le-fn-en-2017

Les Émirats Arabes Unis à la conquête du monde

préfiguration du soutien à la politique laïciste d'Emmanuel Macron, un discours antifrériste valant bien un virement provisoire de huit millions de dollars...

Le sauvetage du Front national tisse de manière plus serrée les liens pas toujours honorables entre les ÉAU et la France ; et le plus étrange est que l'on pourrait multiplier les exemples des astuces déployés par les Émirats pour devenir des acteurs officiels ou officieux de la vie hexagonale. En effet, le commerce des armes, la religion et la politique ne sont que quelques-uns des éléments compris dans leur panoplie. La capacité d'influer sur la perception d'un pays chez un partenaire en est un autre. Il nous faut donc ici évoquer deux cas : celui d'un lobbyiste et celui d'un journaliste.

Le premier cas est celui de l'astucieux Elyes Ben Chedly, *businessman* et lobbyiste. Ce Tunisien, bien introduit dans la nébuleuse sarkozyste et grand adepte des sociétés écrans, ainsi que l'ont révélé les Panama Papers, a grenouillé dans les plus hautes sphères de son pays d'origine, mais aussi en Libye, au Kazakhstan et aux Émirats Arabes Unis. Habile intermédiaire, il a par exemple servi de guide touristique à Patrick Balkany en Mauritanie ou, encore plus rentable, d'intermédiaire entre EADS et Astana (en 2015, un audit interne d'Airbus aurait stipulé, entre autres, qu'il lui avait été versé près de dix millions d'euros pour avoir facilité la vente de deux satellites aux Kazhaks).

Aux Émirats, plus précisément dans l'émirat de Ras al Khaimah, notre homme fonde une entreprise d'import-export au côté de deux proches de hauts dignitaires. Fort de ses

16. Des fonds obscurs aux joyaux des Émirats

liens avec Bassam Freiha, lequel connaît les grands du monde arabe... et réciproquement, le commerçant s'impose peu à peu et parvient à se faufiler jusqu'à Mohamed ben Zayed. Dès l'élection d'Emmanuel Macron, en dépit des accusations qui le poursuivent, il se rapproche de LREM par l'intermédiaire de quelques députés, semblant jouer le rôle de VRP pour MBZ. Ainsi, le 2 décembre 2018, il organise un événement très couru au Louvre pour commémorer le centenaire de Sheik Zayed. Depuis, il continuerait une activité de lobbyiste, attestée par exemple par l'ancien député LREM Grégory Galbadon, vice-président du Groupe d'amitié France – Émirats Arabes Unis de 2017 à 2018... avant de virer sa cuti en faveur du Qatar qu'il défendra avec force en 2019 pour la Coupe du monde de football 2022[60], quitte à susciter la polémique attendue[61].

Une évidence s'impose : Qatar et ÉAU se livrent à une concurrence effrénée pour séduire les faiseurs d'opinion dans le domaine politique, comme nous venons de l'esquisser, mais aussi auprès du grand public. Dans cette perspective, Abu Dhabi peut par exemple compter sur l'enthousiasme d'un thuriféraire de poids.

Le second cas que nous souhaitons esquisser est celui du grand *reporter* Georges Malbrunot. L'ancien otage a notamment signé, avec Christian Chesnot, son compagnon d'infortune, deux livres virulents contre Doha. Ce nonobstant, dans

---

60. https://www.lepoint.fr/sport/oui-la-coupe-du-monde-de-football-2022-peut-se-tenir-au-qatar-08-10-2019-2340088_26.php
61. https://www.marianne.net/agora/humeurs/comment-deux-deputes-lrem-peuvent-ils-defendre-un-etat-aussi-corrompu-que-le-qatar

Les Émirats Arabes Unis à la conquête du monde

la course à l'opinion, tous les coups ne sont pas permis ! Après avoir accusé une sénatrice d'avoir été rémunérée par le Qatar, le duo d'auteurs a été condamné pour diffamation[62]. Cependant, même après le passage de la justice, reste l'impact de « révélations », toujours plus efficaces médiatiquement qu'une plongée détaillée dans la complexité des pays du Golfe. C'est bien de cela qu'il s'agit : critiques anti-qataris ou panégyriques pro-émiratis visent à diffuser l'idée que les ÉAU sont « nos seuls vrais partenaires » dans « la lutte contre le terrorisme » mais pas que dans ce cadre, ainsi que l'affirmait Georges Malbrunot lors d'une conférence donnée en janvier 2020 à l'occasion d'une croisière intitulée... « Joyaux des Émirats ».

Le phénomène n'est pas réservé aux lobbies de MBZ : le désir de peser sur l'opinion française, manifestée en sous-main par plusieurs pays étrangers, inquiète assez pour que, auditionné par la commission de la défense de l'Assemblée nationale, Stéphane Bouillon, le patron du Secrétariat général de la défense et de la sécurité nationale (SGDSN) annonce, courant juin 2021, la création d'un « service à compétence nationale chargé de traquer les ingérences étrangères dans le domaine de l'information »[63]. Sans que leur entrisme soit aussi célèbre que les tentatives russes, les ÉAU n'hésitent pas à se lancer dans la lutte d'influence.

---

62. https://www.europe1.fr/politique/une-senatrice-fait-condamner-le-livre-nos-tres-chers-emirs-en-diffamation-3760784
63. https://www.lemonde.fr/international/article/2021/06/03/le-gouvernement-va-creer-un-service-charge-de-lutter-contre-les-ingerences-etrangeres-dans-les-medias_6082708_3210.html

16. Des fonds obscurs aux joyaux des Émirats

Récemment, des médias réputés, aux titres passe-partout, ont été repris en main depuis quelques années, afin de diffuser de manière dissimulée des informations et articles favorables aux ÉAU et à l'Arabie Saoudite, tout en étant – ô surprise ! – très critiques du voisin qatari. C'est ainsi le cas de *La Lettre A*, d'*Intelligence online* et d'*Africa online*. *La Lettre A*, « quotidien de l'influence et des pouvoirs », se propose de « dévoiler les stratégies d'influence qui impactent les décisions politiques, anticipe les mutations des grandes entreprises et décrypte les transformations du pouvoir médiatique ». Vieille de 40 ans, *La Lettre A* se présente sur son site comme un des titres du groupe Indigo, « une société de presse indépendante ».

Ce groupe « indépendant » mérite que l'on s'intéresse à lui. Il réalise un chiffre d'affaire annuel de 3 millions d'euros qui a grimpé d'1,2 millions d'euros en septembre 2019. Une étude privée révèle que la majorité des 1200 nouvelles connections en ligne sur *Intelligence online* était basée en Arabie Saoudite, ce qui n'était pas du tout le cas avant février 2019. La cible numéro est la France. Un budget d'un million d'euros par an est consacré à l'Hexagone. Les autres nouvelles connections proviennent en partie de pays francophones comme le Maroc, le Niger, la Mauritanie ou le Vietnam. Pour *Africa online*, en 2018, il y avait à peu près 900 connections venant des ÉAU et aucune d'Arabie Saoudite. Entre février 2019 et septembre 2019, les connections sont passées à 1700 venant des Émirats et 1600 d'Arabie Saoudite. La même étude montre que le gros des connections aux sites du groupe Indigo en 2018 et 2019 provient à 60 % de la France. Il n'y a pas de rentrée financière provenant de la publicité sur ces trois sites. Les souscriptions aux publications du groupe et l'achat d'articles précis oscillent entre 300 et 1000 euros, ce qui prouve que la cible visée est avant tout professionnelle. Quant à la *Lettre A*, même processus : peu de visites venant des pays du Golfe avant février 2019, puis explosion des connections venant de Riyad et d'Abu Dhabi.

Les deux millions d'euros d'achats ou de souscriptions, venant clairement en 2019 de l'Arabie Saoudite et des Émirats Arabes Unis, visaient à soutenir le groupe « indépendant » en échange d'un traitement de faveur pour les politiques menées par Riyad et Abu Dhabi. L'objectif des Émirats et de l'Arabie Saoudite est clairement d'influencer les décideurs français, notamment dans leurs rapports avec le Qatar. C'est donc à une forme d'ingérence étrangère que participe le groupe Indigo.

En conclusion, il est patent que, de manière plus ou moins consentante, la France est pleinement intégrée à la stratégie d'expansion des ÉAU. Entre faits établis et *lobbying* actif, relation historique et nouvelles alliances, *soft power* et négociations commerciales, un jeu de séduction bipolaire oppose le Qatar au duopole ÉAU-Arabie Saoudite, sans que le public n'ait toujours conscience des enjeux sous-jacents. *Business*, politique, religion et batailles d'influence participent d'une situation complexe où arrière-pensées et petits arrangements sont légion. D'autant que l'ambition des ÉAU ne s'arrête pas là...

17. De l'or bleu aux nuages

Succès ou échecs, compromissions ou réussites, rien n'y peut mais : l'eau constitue un problème crucial pour les Émirats Arabes Unis, comme pour les autres États de la péninsule Arabique. En effet, leur caractéristique principale est d'être désertique en dehors de quelques oasis ayant d'ailleurs suscité l'implantation de villes comme La Mecque, Médine ou encore Riyad [« Les jardins » en arabe]. *Nihil novi sub sole* ! Le roi saoudien Ibn Saoud avait demandé aux géologues américains attirés par l'odeur du pétrole de lui trouver de l'eau en contrepartie d'éventuelles concessions pétrolières, l'or noir finançant l'or bleu.

Pour les Émirats, le problème de l'eau est d'autant plus crucial que la rente pétrolière modifie les comportements et entraîne une surconsommation des nappes phréatiques. On estime que les Émiratis consomment 390 litres par jour et par habitant pour un usage domestique, contre 250 litres par jour pour un Français, soit 26 fois plus d'eau que ce qu'ils ont comme ressource disponible, à savoir environ 34 m^3 d'eau par an et par habitant. Les Émiratis ont allègrement pompé dans les nappes phréatiques y compris des nappes phréatiques dites fossiles, celles qui ne sont pas renouvelables à court terme puisqu'elles se sont constituées avant l'apparition de l'homme.

Aussi les Émirats Arabes Unis se retrouvent-ils dans une situation de stress hydrique avancé. L'offre d'eau peine de plus en plus à répondre à la demande qui, elle, explose avec une croissance démographique élevée, dopée par un des plus forts taux d'immigration de la planète. De fait, les villes de la fédération sont de plus en plus peuplées, et le niveau de vie est en constante augmentation. À ce phénomène s'ajoute un usage agricole de plus en plus répandu : l'irrigation par inondation en plein champ, qui laisse énormément d'eau s'évaporer. Les industries de transformation ne sont pas en reste, exigeant des quantités d'eau astronomiques pour alimenter aciéries et usines d'aluminium.

Les solutions envisagées pour pallier ce problème sont limitées. Les Émirats Arabes Unis ont ainsi dû investir dans le coûteux procédé de désalinisation de l'eau de mer : 14 % de l'eau rendue potable dans le monde est due à Abu Dhabi, juste derrière Ryad. Problème : « Cette dépendance à la désalinisation, ce n'est ni supportable ni souhaitable », considère Sultan Ahmed Al Jaber. Certes, de nouvelles technologies ont permis de baisser considérablement les coûts de production. C'est le cas de l'« osmose inverse » développée par

Veolia, moins énergivore que la distillation et qui représente un litre sur cinq consommé dans le pays. Toutefois, bien que 2 kilowatts suffisent à produire un mètre cube d'eau douce, contre 12 kilowatts en 1980, l'addition finale est encore jugée... salée. En d'autres termes, les entreprises de dessalement de l'eau, qui consomment beaucoup d'électricité, ne constituent pas une solution durable pour répondre aux besoins croissants de la population.

En sus du coût, l'impact environnemental du dessalement contribue aux doutes des autorités émiraties. D'où le développement de « projets pilotes » de désalinisation à base d'énergies renouvelables. Aux manettes, on retrouve quatre groupes industriels, dont les français Veolia et Suez Environnement, dans la région d'Abu Dhabi, sous la houlette de l'Institut de la ville durable de Masdar (« la source » en arabe), un projet d'éco-cité annoncé en 2006 et ayant vocation à accueillir, une fois finie, jusqu'à 50 000 habitants et 1 500 entreprises. Masdar est censée être la première ville au monde « zéro carbone et zéro déchets ». L'émirat a en tête un projet d'usine durable de dessalement d'une capacité quotidienne de 150 000 m^3 fonctionnant à l'énergie solaire. Le recyclage local a pour objectif de réduire la consommation d'eau de mer dessalée de 80 %. Les eaux usées sont appelées à être utilisées pour l'irrigation des cultures destinées à l'alimentation et à la production de biocarburants ; les espaces paysagers de la cité doivent être arrosés par les eaux usées traitées. Dix ans après qu'elles se sont lancé ce défi, l'échec est patent. En effet, la ville peine à attirer les entreprises. Seuls quelques centaines d'étudiants du Masdar Institute y habitent, loin des dizaines de milliers d'habitants escomptés.

S'est alors imposée l'idée de constituer des réserves stratégiques d'eau douce comme les pays occidentaux constituent des réserves stratégiques de pétrole. Les Émirats se sont ainsi lancés dans l'Aquifer Storage Recovery, qui consiste à injecter et à stocker de l'eau dessalée dans les nappes souterraines vides. L'allemand GIZ IS finalise, pour le compte de l'Abu Dhabi Water and Electricity Authority (Adwea), la mise en chantier d'un projet estimé à 500 millions de dollars. Ce projet vise à entreposer quelque 26 millions de mètres cubes dans le sous-sol de la région de l'oasis de Liwa. De quoi permettre à un million de personnes de tenir pendant 90 jours en période de pénurie sévère, à raison d'une consommation quotidienne maximum de 180 litres d'eau potable par tête.

Pas de quoi stopper les *brainstormers* d'Abu Dhabi, d'où émergent des projets étonnants. En mai 2017, par exemple, une entreprise d'Abu Dhabi a émis l'idée de remorquer des icebergs depuis l'Antarctique pour répondre aux problèmes de manque en eau potable que connaissent les Émirats Arabes Unis. Selon les estimations de l'entreprise National Advisor Bureau Limited, avec ses 75 000 milliards de litres d'eau, un iceberg pourrait répondre aux besoins en eau potable de près d'un million de personnes pendant cinq ans. Dans une vidéo de présentation, l'entreprise émiratie avait l'ambition d'illustrer son projet de remorquage, entre l'île Heard, située près de l'Antarctique, et la ville de Fujairah, dans le golfe Persique. Au total, 10 000 km de traversée, par l'océan Indien et la mer d'Arabie. La faisabilité de l'opération est aussi sujette à caution que l'évaluation du coût : un simple bateau de traction peut valoir jusqu'à 75 000 dollars par jour...

Et cette idée n'est pas la plus saugrenue à avoir été émise ! Songez plutôt que, le 19 janvier 2016, sous les ors de l'Emirates Palace d'Abu Dhabi, le sultan Ahmed Al Jaber a récompensé en grande pompe trois savants étrangers pour leurs travaux dans le domaine de l'accélération pluviométrique, censée permettre de traire les stratocumulus pour récolter leur eau. Le budget alloué aux trois soi-disant savants – un Allemand, un Japonais et une Chinoise – pour ce Rain Enhancement Research Program ? Cinq millions de dollars sur trois ans.

Cette danse de la pluie moderne est donc très sérieuse et s'appuie sur une estimation comptable établie par les experts du Centre national de météorologie et de sismologie (CNMS) des Émirats Arabes Unis. Selon eux, faire tomber la pluie reviendrait moins cher que dessaler l'eau de mer. Tant pis si le résultat espéré reste modeste : « D'après nos calculs, nous pourrions accroître le rendement pluviométrique d'au moins 5 % », annonce Alia Al Mazrouei, la directrice du programme au CNMS. Or, la pluie, aux Émirats Arabes Unis, est un phéno-mène quasi négligeable. Le pays est parmi les plus arides au monde et ne peut compter que sur 78 millimètres d'eau en moyenne par an (à comparer aux 1 220 millimètres de la Grande-Bretagne). Valoriser cinq millions de dollars une

17. De l'or bleu aux nuages

augmentation minime de ressources pluviométriques étiques a de quoi laisser perplexe mais trahit la montée de l'inquiétude hydrique.

En réalité, si l'eau est rare, ce n'est pas que la faute au climat : son prix est très bas. Augmenter le coût de l'or bleu pourrait contribuer à limiter son utilisation dispendieuse. À Abu Dhabi, l'idée fait, peu à peu, son petit bonhomme de chemin. Une tarification a été introduite et incite l'usager à surveiller sa consommation. Pour autant, les prix pratiqués restent très faibles et sans commune mesure avec l'urgence de la situation. D'où l'intérêt des ÉAU pour le bassin du Nil...

18. Du Soudan au Ghana

Aux yeux de MBZ, la sécurisation alimentaire des Émirats Arabes Unis passe par un droit de regard sur la situation dans le bassin du Nil. Dans cette perspective, le Soudan peut aider à conforter de nombreux intérêts vitaux pour les pays du Golfe. Voilà pourquoi Khartoum apparaît comme un élément central sur l'échiquier de l'Afrique orientale. En cas de conflit ouvert entre l'Éthiopie et l'Égypte, le Soudan pourrait constituer un pays-pivot. L'éventualité est prise assez au sérieux pour que les Émirats Arabes Unis aient acheté dans ce pays près de 400 000 hectares.

Il faut dire que le risque n'est pas nouveau. En 1978, après les accords de paix de Camp David, Anouar el Sadate avait déclaré que l'eau pourrait le pousser à déclarer la guerre à Mengitsu Haile Mariam, le président éthiopien de l'époque, qui envisageait alors la construction d'un barrage sur le lac Tana. Or, en avril 2011, juste après le renversement de Mubarak, l'Éthiopie lance un projet pharaonique et stratégique intitulé Barrage de la Renaissance et situé sur les eaux du Nil bleu. Ce projet, longtemps controversé, est appelé à être le plus grand barrage de l'Afrique, pour un coût flirtant d'emblée avec les 6 milliards de dollars. Haut de 170 m et large d'environ deux kilomètres, il vise une capacité de production d'électricité de 6000 mégawatts, soit le triple du barrage d'Assouan. La construction de ce barrage devrait permettre à l'Éthiopie

- d'irriguer ses terres,
- de prévenir les inondations,
- de satisfaire ses besoins énergétiques et
- d'exporter de l'électricité vers les pays voisins comme Djibouti, le Soudan et le Kenya pour plus de 730 millions d'euros par an.

Actuellement, les eaux venues des plateaux éthiopiens représentent 86 % de l'eau consommée en Égypte et 95 % en période de crue. À lui seul, le Nil bleu fournit 59 % du débit du Nil. Le projet de barrage de la Renaissance diminuerait de 25 % le débit du Nil en Égypte. Aussi est-il peu probable que s'apaisent aisément les tensions entre l'Égypte, l'Éthiopie et le Soudan, dont 77 % des eaux entrantes sont liées au Nil bleu.

Pour les ÉAU, ces questions structurelles s'inscrivent dans la problématique plus générale du *land grabbing*, nom anglophone désignant l'appropriation de terres dans d'autres pays, comme nous l'avons vu au quatrième chapitre. L'objectif des pays pratiquant cet accaparement est de se garantir un accès aux ressources alimentaires. Nombreux sont les États à acheter des terres dites *offshore*. À défaut, ils obtiennent des baux emphytéotiques dans des pays en développement. Près de la moitié (47 %) des terres accaparées se trouvent en Afrique et un tiers (33 %) en Asie.

À la vampirisation des terres s'ajoute une appropriation indirecte de la ressource en eau. Près de 60 % de l'eau est ainsi accaparée par des entreprises venues des pays qui pratiquent le *land grabbing* comme... les Émirats Arabes Unis. Depuis 2009, les Émirats Arabes Unis ont acquis plus d'1,3 million d'hectares, dont

- 900 000 hectares[64] au Pakistan[65] ;
- près de 400 000 au Soudan ; et
- 3 000 aux Philippines.

Au Mozambique, des demandes de permis couvrant 607 236 hectares sont en cours d'examen. Au cœur de ces achats terriens trône la National Holding, une société des Émirats Arabes Unis, propriété de la famille royale d'Abu Dhabi. Selon une ONG mozambicaine, ce projet pourrait

---

64. Florence Brondeau, « Les investisseurs étrangers à l'assaut des terres agricoles africaines », on *EchoGéo*, n°14, 2010.

65. Depuis 2009, certaines entreprises privées, au nom du gouvernement des Émirats Arabes Unis, ont acheté 324 000 ha au Pakistan. Ils ont acheté plus de 15 ha au Baloutchistan, près du barrage de Mirani et espèrent signer un protocole d'accord avec le gouvernement local. Les EAU sont également en négociations avec le gouvernement de la province du Sind pour acheter des terres à Shikarpur, Larkana et Sukker. Ils ont aussi manifesté leur intérêt auprès des gouvernements des provinces du Pendjab et de la frontière du Nord-Ouest. Au Pendjab, ils souhaitent investir dans la région aux alentours de Mianwali, Sardogha, Khushab, Jhang et Faisalabad. Source : http://www.cadtm.org/spip.php?page=imprimer&id_article=4436.

provoquer le déplacement forcé de plus de 500 000 familles. Les Émirats négocient également l'acquisition de plusieurs centaines de milliers d'hectares en Ukraine, grenier à blé de l'Europe orientale.

Cependant, prioritairement, les Émirats investissent dans les zones sahéliennes où Occidentaux et djihadistes rivalisent de convoitise. En août 2019, Mohamed ben Zayed a investi 30 milliards de dollars dans les cinq États du G5 Sahel, c'est-à-dire la Mauritanie, le Niger, le Burkina Faso, le Tchad et le Mali, en échange de deux avantages de taille :

- la construction d'une base militaire au Niger et
- le bradage de gigantesques richesses notamment en terres rares.

On sait pourquoi, au nom de l'uranium, la France s'accroche au Mali. Les ÉAU ont encore moins de scrupules pour extraire des richesses faramineuses.

La perte des recettes fiscales relevant de l'exploitation minière est considérable [pour les pays de la région]. Elles bénéficient néanmoins à certains grands groupes cotés en Bourse et ayant pignon sur rue à Dubaï où se trouve l'épicentre de cette nouvelle réalité : le Dubaï Multi Commodities Centre (DMCC). Cette situation de contrebande implique des flux financiers suspects qui impactent la souveraineté des États africains concernés. Ces derniers perdent des bénéfices pour leur développement économique, leur propre sécurité et le développement du potentiel humain.

Dans une dépêche parue le 24 avril 2019, l'agence Reuters affirme que des milliards de dollars d'or et d'autres ressources minérales sont exportés en contrebande d'Afrique en direction des ÉAU et de la Chine. L'agence de presse britannique va plus loin en affirmant que ce commerce, lucratif et illégal, alimenterait certains conflits – dont celui qui tue des dizaines de milliers de Yéménites depuis 2015. Il violerait les droits humains et mettrait en péril l'environnement des pays dans lesquels ces ressources sont extraites dans l'irrespect total des règles internationales du commerce et du droit international.[66]

Certains pays tentent de se protéger face à l'appétit vorace de la Chine et désormais des ÉAU, mais David ne peut pas toujours gagner contre Goliath ! D'autant que les Émirats achètent aussi directement auprès des exploitants locaux en Afrique. Parmi les pays, le Ghana une fois encore est au cœur de toutes les attentions car, pour Human Rights Watch, 100 % de l'or extrait du Ghana, pourtant rebelle aux appétits allogènes, le serait par des enfants pour le compte de grandes firmes multinationales[67]. Parmi celles-ci, on retrouve des Indiens, des Sud-africains, ainsi qu'Emirates Gold et Kaloti Jewellery International. La voracité financière des puissants, sous prétexte alimentaire, antiterroriste ou humanitaire, est sans fin...

____

66. https://www.lepoint.fr/afrique/or-diamants-terres-rares-la-ruee-pre-datrice-vers-l-afrique-08-08-2019-2328983_3826.php
67. http://www.rfi.fr/afrique/20150612-eclat-or-ghana-terni-le-recours-travail-enfants-human-right-watch-mercure-minamata

19. De l'israélisation aux Emirate Leaks

Dans sa lutte pour sa survie et son épanouissement, Abu Dhabi a un modèle : Israël. Surprenant ? Point tant que ça, car l'État hébreu ressuscite chez MBZ le fantasme de l'État-bastion luttant pour la liberté envers et contre le reste de la région. Oui, le rapprochement peut paraître incongru ; absurde, non. En effet, comment préserver son intégrité dans un contexte géopolitique agressif et défavorable, et poursuivre un développement économique et social inégalé face à de puissants ennemis ? L'un et l'autre partagent la vision de l'Iran en ennemi ultime, ce que les Israéliens appellent *amalek*[68].

Micro-État dans la région, tourné vers la mer et la terre, Tel Aviv-Jaffa s'est hissé politiquement comme une puissance économique, scientifique et militaire critiquable, certes, mais

---

68. Amalek désigne l'ennemi ultime chez les Israéliens, souvent assimilé à l'Iran actuel. Mais le mythe renvoie à la mythologie et aux saintes écritures, quand les douze tribus d'Israël, tentant de fuir l'Égypte, ont été attaquées gratuitement par Amalek et sa tribu. Depuis c'est devenu le symbole de la violence gratuite et de la volonté d'anéantissement du peuple hébreu.

incontestable. Le 28 mars 2019, lors d'un discours au Congrès juif américain, Anwar Gargash, ministre d'État des Affaires étrangères des ÉAU, faisait amende honorable pour le passé, en regrettant le boycott injuste d'Israël depuis des décennies. Pour lui, c'était une erreur gravissime, et pour cause : il y a aujourd'hui bien plus à partager qu'à perdre, notamment en prenant exemple sur Israël pour sa propre survie[69]. Au point que, dans un entretien que nous avons eu avec lui en octobre 2019, Bassar Taham, islamologue et politologue franco-syrien, n'hésitait pas à parler d'israélisation d'Abu Dhabi...

Les Émirats ne sont qu'un exemple parmi tant d'autres de l'israélisation des petits États arabes, de tout petits États, qui ont des rêves de grandeur. Or, les Émirats, c'est un pays minuscule. À la lumière de ce qui s'est passé au Moyen-Orient, ses responsables ont compris qu'il fallait employer l'argent pour devenir un État fort dans tous les sens du terme : scientifique, militaire (achat d'armes, fabrication, politique extérieure) et économique (investissements étrangers). Israël devient indirectement un idéal pour ces gens-là. C'est la réussite d'Israël qui va faire évoluer certaines minorités du pays vers la notion d'un petit État puissant et expansionniste.

Au fond, Abu Dhabi a compris qu'il n'y aurait point de salut sans l'émergence d'un émirat surpuissant, armé et diversifié.

---

69. https://www.timesofisrael.com/senior-uae-official-calls-for-strategic-shift-in-arab-israel-relations/

Surprise : personne n'avait rien vu venir, même au sein des cercles occidentaux les plus avisés qui travaillaient non loin d'Abu Dhabi. La ville est devenue une forteresse, en gagnant avec Dubaï de nouvelles batailles pour le contrôle croissant de ports dans le monde, formant des commandos de mercenaires en Afrique pour sécuriser les voies maritimes face aux pirates, notamment dans la corne du continent.

Du Liban, cette « Suisse de l'Orient » perdue par ses élites, le pouvoir financier – le pouvoir, en somme – a glissé vers les ÉAU. Et l'irrésistible ascension de la puissance régionale émiratie au Moyen-Orient a franchi une nouvelle étape en août 2020, avec la normalisation de se ses relations avec l'État hébreu, sous le nom d'Accords d'Abraham. Il s'agit essentiellement de constituer un front commun uni contre l'Iran avec l'Arabie Saoudite ; mais c'est aussi la réalisation d'un vieux fantasme émirati qui voit aussi en Israël un modèle de développement exceptionnel. En échange de cette amitié, un vague moratoire sur l'annexion des territoires palestiniens et le mirage gentillet d'un État palestinien renvoyé aux calendes grecques.

Cependant, rien de hasardeux dans ce lien avec Israël. Si les Émirats Arabes Unis se sont hissés parmi les *leaders* régionaux sans que les experts l'aient anticipé, c'est en partie grâce à la capacité exceptionnelle d'Abu Dhabi de contracter des alliances qui paraissent de prime abord contre-nature. S'allier à Israël, sera-ce pas choquant pour un pays arabe ? MBZ n'y voit aucun problème puisque le but serait d'unir

19. De l'israélisation aux Emirate Leaks

des forces contre l'ennemi numéro un pour la région : l'Iran. En contrepartie, Abu Dhabi profite du génie israélien en matière de nouvelles technologies de l'information, d'armement, et d'outils de sécurité notamment cybernétiques pour assurer sa survie et se hisser toujours plus haut, mais cela n'est que justice !

L'israélisation des ÉAU se fonde sur le modèle de *start up nation*, qui a fait fantasmer Emmanuel Macron en personne mais qui a surtout inspiré MBZ pour le développement de son pays *via* le soutien apporté

- aux industries de pointe,
- aux industries de l'armement et de la sécurité,
- à la cyberprotection,
- à la diversification économique et
- aux investissements *worldwide*.

L'entreprise de séduction est asymétrique mais réciproque. Pour preuve, en juillet 2019, l'ancien ministre des Affaires étrangères israélien, Yisraël Katz s'est fait prendre en photo sur l'esplanade de la mosquée du cheikh Zayed, Katz, affirmant l'intérêt de Tel Aviv pour la politique émiratie et pas qu'en matière sécuritaire[70]. Le 1er novembre 2019, les Emirate Leaks évoquent un désir de normalisation faisant feu de tout bois officieux.

> Une délégation de lycéens israéliens a participé lundi au concours FIRST de Dubaï dédié à la robotique,

---

70. https://fr.timesofisrael.com/eau-israel-katz-evoque-liran-et-la-securite-avec-un-responsable-a-abu-dhabi/

et dans lequel les représentants de l'État hébreu ont remporté quatre médailles. La délégation israélienne a remporté des médailles d'or et d'argent, et s'est qualifiée pour l'étape finale qui aura lieu aux États-Unis, où se retrouveront également l'Italie, l'Ouganda et l'Australie. Le ministre des Sciences et de la Technologie Ofir Akunis a déclaré « qu'ils avaient obtenu des résultats sans précédent » et qu'il « n'avait jamais douté en leur capacité à obtenir d'excellents résultats ».[71]

Pour comprendre ce qui se joue dans cette alliance *a priori* surprenante, il faut refaire appel aux *Panama Papers*. On y apprend qu'un certain Mati Kochavi, homme d'affaires israélien ayant fait fortune dans l'immobilier, est devenu un vendeur d'armes hors pair, jouant les intermédiaires entre les pays intéressés. C'est dans le contexte *post* 11 septembre 2001 qu'il a créé un empire de la cybersurveillance avec des solutions associant caméras et barrières de sécurité à la pointe de la technologie. Craignant une agression iranienne, les Émirats Arabes Unis ont fait appel à Kochavi pour s'équiper et se défendre moyennant des sommes, disons, considérables.

Les documents obtenus par Haaretz en 2017 révèlent une transaction d'un montant de trois milliards de shekels (plus de 760 millions d'euros) dont une partie aurait été versée en espèces. Cette somme implique une

---

71. http://emiratesleaks.com/fr/une-normalisation-nette-des-Émirats Arabes Unis-avec-israel/

des filiales du groupe et des personnalités émiraties. Un examen approfondi des correspondances divulguées de la firme juridico-financière Appleby révèle que l'armée des Émirats Arabes Unis, très impressionnée par les performances des avions de renseignement électroniques israéliens et britanniques, a voulu se doter de ce type de capacités aériennes en prévision d'une guerre contre l'Iran.[72]

L'intérêt de Mohamed ben Zayed pour la technologie israélienne remonte à 2008 et aux premières tensions majeures avec l'Iran. Son objectif était d'entamer la coopération entre les deux pays par la modernisation de deux anciens avions civils afin de les transformer en appareils espions suréquipés en matériel de surveillance. Mais comment s'opère concrètement le lien entre les deux pays pour ces deux avions ? Par une série « d'arrangements » financiers qui transitent par des sociétés écrans. Les Emirate Leaks que nous venons de citer n'en cachent rien.

Dans le cas des avions espions, l'armée choisit une entreprise d'Abu Dhabi, créée en 2006 et détenue par Abdullah Ahmed Al Balooshi, un proche des services de renseignements. Son nom : Advanced Integrated Systems (AIS). Sa spécialité : la fourniture des systèmes de sécurité et de surveillance. D'emblée, la vérification des documents fait ressortir

---

72. https://mondafrique.com/laccord-darmement-entre-israel-et-mbz-le-prince-heritier-des-emirats/

une facture datée de 2015, d'un montant de 629 millions d'euros pour les deux avions équipés et leur maintenance, soit 80 millions de plus que l'arrangement initial entre l'armée émiratie et AIS datant de 2010. Des capteurs et leurs logiciels dédiés à l'interception de signaux électroniques (ELINT) pour 65 millions d'euros, des antennes à longue portée et des logiciels de décryptage pour l'écoute et l'interception de communications pour 80 millions d'euros, un système d'auto-protection des avions pour 42 millions d'euros, deux caméras obliques à longue portée LOROP pour plus de 40 millions d'euros, et la bagatelle de 35 millions d'euros pour le support et la maintenance.

AIS confie le projet d'intégration à l'entreprise suisse AGT International, qui appartient à Mati Koshavi. L'entreprise de Koshavi achète les équipements puis confie le marché de leur intégration à la firme britannique Marshall pour 100 millions de dollars.

En plus de cette transaction, on retrouve l'entreprise de Koshavi dans un domaine des plus sensibles aux ÉAU. C'est AGT International qui a fourni des milliers de caméras, de lecteurs de plaques d'immatriculation et toute l'infrastructure informatique pour la gestion de la sécurité urbaine à Abu Dhabi et sur l'ensemble des frontières et postes d'entrée aux Émirats. Toute cette infrastructure est gérée par un système d'intelligence artificielle livré par Wisdom, entreprise israélienne chargée de brasser en temps réel des millions de vidéos et d'images prises sur l'ensemble du territoire, sans aucune garantie que ces données ne soient pas aussi sous contrôle d'autres entités que l'État émirati.

Les dérives israéliennes en la matière sont inquiétantes et laissent redouter celles de leur nouvel allié :

- guerres offensives à Gaza faisant des milliers de morts,
- interventions militaires ciblées contre ses ennemis,
- utilisation d'armes non conventionnelles,
- cyberattaques d'État, etc.

Les Émiratis semblent suivre le même chemin tout en espérant un statut de grand stratège politique régional, capable de discuter et négocier avec tout le monde. La réalité est plus complexe, ainsi que le dévoileraient au sceptique les relations avec l'Iran.

À l'été 2021, le scandale autour du logiciel Pegasus, commercialisé par la société israélienne NSO, a renforcé les soupçons pesant sur les fondements du lien étrange entre l'État hébreu et les ÉAU. Damien Leloup et Martin Untersinger l'écrivent noir sur blanc :

> Israël protège et choie NSO, un outil de son *soft power*, dont la fourniture à des gouvernements a pu contribuer à la restauration de relations diplomatiques. Les activités de NSO éclairent en partie les rapprochements récents de l'État hébreu avec l'Arabie saoudite, la Hongrie ou le Maroc (...).[73]

---

1. https://www.lemonde.fr/projet-pegasus/article/2021/07/18/projet-pegasus-revelations-sur-un-systeme-mondial-d-espionnage-de-telephones_6088652_6088648.html

En clair, le rapprochement entre certains États et Israël semble lié à la commercialisation de cet outil d'espionnage dont les rets sont immenses : 50 000 numéros de téléphone sont susceptibles d'avoir pu être infectés, dont ceux de chefs d'État, d'opposants, de militants, d'avocats et de journalistes.

Or, Abu Dhabi fait partie des États particulièrement friands du redoutable mouchard. Alors que MBZ et MBS sont soupçonnés d'avoir été partie prenante dans l'assassinat de Jamal Kashoogi, l'enquête d'Amnesty International a pu démontrer que, grâce au logiciel espion, « l'entourage de Jamal Khashoggi, l'éditorialiste saoudien du *Washington Post* assassiné le 2 octobre 2018 à Istanbul (Turquie), était sous surveillance »[74], spécifiquement Hanan El-Atr, l'hôtesse de l'air égyptienne dont le journaliste était amoureux, et Hatice Cengiz, la fiancée turque du disparu[75]. Ces éléments confirment,

- d'une part, le mépris total de certains États arabes pour les Droits de l'homme ;
- d'autre part, l'importance du *soft power* dans la région, intimement lié à l'invention, la mise à disposition et l'utilisation officiellement « détournée » d'armes technologiques comme Pegasus.

Au fond, ce qui pose problème, ce n'est pas tant l'expertise vendue par Israël, mais plutôt les usages massifs et dévoyés

---

74. https://www.lemonde.fr/projet-pegasus/article/2021/07/18/affaire-khashoggi-deux-femmes-proches-du-journaliste-assassine-ont-ete-surveillees-par-pegasus_6088655_6088648.html
75. https://www.franceculture.fr/geopolitique/affaire-khashoggi-larabie-saoudite-et-les-emirats-arabes-unis-ont-cible-son-entourage-apres-sa-mort

19. De l'israélisation aux Emirate Leaks

qu'en font certains pays arabes – dès lors fortement incités à se rapprocher de l'État hébreu.

Aujourd'hui, Israël demeure l'un des phares qui paraît guider MBZ. Sous sa houlette, les Émiratis espèrent suivre le chemin dressé par Jérusalem vers une indépendance solide et un statut de stratège politique majeur dans la région, capable de discuter et de négocier avec tout le monde. Cependant, la réalité est plus complexe, ainsi que le révèlent les relations chaotiques entre les ÉAU et l'Iran.

20. De Téhéran à Paris

Dès 2016, face à la Téhéran, la ligne stratégique est simple, en théorie : il s'agit de faire plier l'Iran en multipliant sanctions et mesures d'isolement. L'appui des États-Unis doit permettre d'écraser les pulsions nucléaires du régime des mollahs. Sauf que, une fois de plus, après le blocus raté contre le Qatar, les ÉAU ont sous-estimé la capacité de résistance de leurs adversaires. Craignant que les tensions n'embrasent la région, MBZ a finalement tenté de se rapprocher de l'Iran.

En novembre 2019, Anwar Gargash, le ministre d'État des affaires étrangères émirati a donc plaidé pour une désescalade collective censée résoudre la crise. Au-delà du discours de façade, il semblerait que ce rapprochement soudain soit conditionné à deux changements de stratégie pour Abu Dhabi envers son voisin : le retrait du Yémen et la sécurisation maritime du Golfe. La logique est toujours la même – plutôt une dictature stable qu'un glissement vers le désordre. Et l'économie n'est pas pour rien dans ce changement de posture. En effet, Abu Dhabi a fait les frais des sanctions remises en place, puisque la communauté iranienne à Dubaï joue un grand rôle économique et y est très puissante. Avant 2015, la ville était même un second port de substitution pour les Iraniens face aux sanctions américaines.

Fut une époque, à Dubaï, où, sur les deux rives de la crique, le bras de mer qui a donné naissance à l'émirat du Golfe, l'on entendait parler autant persan qu'arabe, anglais ou hindi. Constellés de banques, de bazars, de mosquées et de restaurants iraniens, les quartiers de Deira et de Bur Dubaï, centre historique de la cité-État, drainaient dans les années 2000 une foule de commerçants, d'entrepreneurs et de touristes originaires de la République islamique. Le minuscule territoire, membre de la fédération des Émirats Arabes Unis, faisait office de port de substitution du géant perse, mis sous embargo par les États-Unis.[76]

Après cette époque complice, la multiplication des crises dans le Golfe pousse les Iraniens de Dubaï à s'exiler vers la Turquie et Oman. De 700 000, les Iraniens aux ÉAU passent à 350 000. Il en va de même désormais pour les échanges commerciaux qui étaient évalués à près de 20 milliards de dollars en 2018 et qui se sont réduits de moitié. Cela signifie

---

76. https://www.lemonde.fr/international/article/2019/08/07/le-lent-et-silencieux-exode-des-iraniens-de-dubai_5497366_3210.html

que près de 10 milliards d'échanges se font nonobstant le régime des sanctions, au vu et au su des États-Unis !

Il fallait donc au plus vite montrer des signes d'apaisement entre Abu Dhabi et Téhéran. C'est pour cela qu'une délégation émiratie s'est rendue dans la capitale iranienne courant juillet 2019. D'autres rendez-vous parallèles se sont déroulés la même année.

> Le dernier en date, survenu le 30 juillet 2019, a consisté en une rencontre, sur le sol iranien, entre le chef des garde-côtes émiratis et son homologue au sein de la République islamique. Au cours de cette réunion, la première de ce genre en six ans, les deux hommes ont discuté de coopération et de sécurité maritime, un sujet particulièrement sensible au moment où les sabotages et les arraisonnements de tankers se multiplient dans le Golfe.[77]

Depuis, un accord de coopération aux frontières a été signé entre l'Iran et les ÉAU pour maintenir la sécurité de circulation dans le Golfe. Il se pourrait que, dans les mois à venir, la relation entre les deux pays s'intensifie comme jamais. Est-ce à dire que les Émirats se fichent comme d'une guigne de la réprobation internationale en général et du droit humanitaire en particulier ? À l'évidence, l'affaire est un tantinet plus compliquée. Human Rights Watch et Amnesty

---

77. https://www.lemonde.fr/international/article/2019/08/07/sanctions-contre-l-iran-les-Émirats Arabes Unis-changent-de-tactique-face-a-teheran_5497373_3210.html

International dénoncent régulièrement les tortures dont les geôles émiraties auraient le secret mais, droite dans ses bottes, la confédération souffle le froid et le chaud. En juillet 2012, les Émirats Arabes Unis ont ainsi ratifié la Convention internationale contre la torture. Sauf que le respect de cette convention reste sujet à caution. En février 2014, Gabriela Knaul, rapporteur spécial des Nations Unies sur l'indépendance des magistrats et des avocats, ne mâchait pas ses mots, au terme d'une mission de neuf jours.

« J'ai reçu des informations crédibles et des preuves que (...) des détenus étaient torturés et/ou soumis à de mauvais traitements », avait-elle déclaré, dénonçant « des interpellations sans mandat de suspects conduits, les yeux bandés, à des lieux inconnus (...) et détenus à l'isolement, parfois pendant des mois, et placés sur la chaise électrique ».

Preuve du malaise des autorités, elle n'avait pas pu travailler librement. « Je n'ai pas été autorisée à visiter les prisons et à rencontrer certains détenus que je souhaitais voir », avait-elle regretté. Déclarations fâcheuses pour un pays soucieux de son image ? Il en eût fallu plus pour perturber la sérénité des autorités émiraties. Pourtant, le rapport mondial 2018 de Human Rights Watch ne voyait pas d'amélioration de la situation. « Le gouvernement et les nombreuses compagnies de relations publiques qu'il paie à cette fin tentent de dépeindre les Émirats Arabes Unis comme un pays moderne et tourné vers la réforme », a déclaré Sarah Leah Whitson, directrice de la division Moyen-Orient et Afrique du Nord. « Cette vision optimiste demeurera une fiction tant que les Émirats refuseront de remettre en liberté les militants, les journalistes et les critiques injustement mis en prison, comme Ahmed Mansoor. »

De fait, en mars 2017, Abu Dhabi avait placé en détention Ahmed Mansoor, un militant des droits humains reconnu qui, depuis des années, prenait vigoureusement la défense des dissidents ayant fait l'objet d'arrestations arbitraires routinières dans ce pays. Des chefs d'inculpation relatifs à la liberté d'expression pèsent sur Mansoor, dont le recours aux réseaux sociaux pour « diffuser de fausses informations qui portent atteinte à l'unité nationale ». Notons que les exactions gouvernementales ne visent pas que les nationaux. Ainsi, l'universitaire britannique Matthew Hedges a été condamné à la prison à perpétuité par le tribunal fédéral d'Abu Dhabi pour espionnage au profit d'un pays étranger et a porté plainte contre les Émirats Arabes Unis auprès de l'ONU pour torture et mauvais traitements. Le doctorant à l'université de Durham, dans le nord-est de l'Angleterre, avait été arrêté à l'aéroport de Dubaï le 5 mai 2018, avant d'être gracié puis libéré en novembre 2018 pour éviter de nuire aux relations étroites entre Londres et Abu Dhabi. Il faisait des recherches sur la politique étrangère et interne des Émirats Arabes Unis en matière de sécurité après les Printemps arabes de 2011.

Ses propos ont refusé tout manichéisme : « Je n'ai jamais été torturé physiquement mais c'était psychologique et c'était comme de la torture », a-t-il dit au quotidien *The Times*. Dans une lettre au Haut-commissaire des Nations Unies aux droits de l'Homme, Michelle Bachelet, l'avocat de Matthew Hedges, Rodney Dixon QC, a néanmoins déclaré que le traitement subi par Matthew Hedges aux Émirats Arabes Unis violait ses droits humains et qu'il a fait ses aveux sous pression. En juillet 2019, un autre Britannique, Ali Issa Ahmad a affirmé avoir été arrêté et torturé pendant ses vacances aux Émirats Arabes Unis parce qu'il portait un maillot du Qatar. Il a également porté plainte auprès des Nations Unies.

Aux problématiques de torture s'ajoute la question du droit des travailleurs migrants. Dès 2014, l'organisation Human Rights Watch dénonce les nombreux cas de servitude dans lesquelles sont placées des employées de maison de nationalité étrangère[78]. En 2018, la même ONG persistait et signait en élargissant ses dénonciations. Ainsi, elle attestait que les ouvriers en construction ayant émigré aux ÉAU étaient victimes d'une exploitation grave.

Certes, les Émirats Arabes Unis ont adopté en septembre 2017 une loi sur les travailleurs domestiques censée entrer en vigueur en décembre 2017. Pour la première fois, une loi reconnaît des droits aux travailleurs migrants, mais certaines dispositions sont plus faibles que celles prévues pour les autres actifs. Bien que les employeurs soient tenus de payer les frais de recrutement des travailleurs domestiques migrants,

---

78. https://www.hrw.org/fr/news/2014/10/22/emirats-arabes-unis-pris-es-au-piege-exploitees-et-maltraitees

certains employeurs estiment qu'il convient de ponctionner ce qui est dû aux travailleurs dans le cas où ils demandent à partir avant la fin de leur contrat, protestassent-ils contre des conditions abusives. C'est la subtilité de la loi : elle interdit aux agences de recrutement de facturer des frais aux travailleurs émigrés, mais elle n'interdit pas aux employeurs de le faire. À l'inverse, lorsque les travailleurs choisissent de mettre fin à leur emploi sans rupture de contrat, la loi les oblige à indemniser leur employeur d'un mois de salaire.

La question des droits de l'homme empoisonne jusqu'aux liens avec la France, dont l'attachement à ces questions est pourtant éminemment flexible. En novembre 2018, deux plaintes ont été déposées dans l'Hexagone pour « complicité de torture » et « crimes de guerre », alors même que MBZ rencontrait Emmanuel Macron. Ironie de l'Histoire, la première émane de ressortissants qataris qui accusent MBZ de « complicités d'actes de torture » et de « disparition forcée » auprès du pôle crimes contre l'humanité et crimes de guerre du parquet de Paris. Les plaignants affirment avoir été « détenus et torturés par les agents de la Sûreté de l'État des Émirats Arabes Unis entre février 2013 et mai 2015 », selon leur avocat Pierre-Olivier Sur.

En vertu de sa « compétence universelle » pour les crimes les plus graves, la justice française a la possibilité de « poursuivre et condamner les auteurs et complices de ces crimes lorsqu'ils se trouvent sur le territoire français », précise maître Sur. La seconde plainte a été déposée par six Yéménites en association avec l'Alliance internationale pour la défense des droits et des libertés (AIDL). Depuis mars 2015, Human Rights Watch a documenté 87 attaques « illégales » en droit international perpétrées par la coalition anti-houthie, dont certaines peuvent être assimilées à des crimes de guerre, causant près de 1 000 pertes civiles.

Comme nous l'avons rappelé, malgré leurs dénégations maladroites, les Émirats Arabes Unis sont impliqués dans des violations des droits de l'homme au Yémen, par leurs interventions directes, par leur soutien aux forces dites loyalistes, et parce qu'ils administrent au moins deux centres de détention *in situ*. Leurs responsables semblent avoir exigé le maintien en détention de certains individus malgré des ordres de remise en liberté, ainsi que la disparition forcée de personnes et le transfert à l'étranger de détenus de haut rang, selon des recherches effectuées par Human Rights Watch. D'anciens détenus et des membres de leurs familles ont fait état de violations ou d'actes de torture commis dans des installations administrées par les Émirats Arabes Unis et les forces supplétives qu'ils soutiennent[79]. Des militants yéménites ayant critiqué ces abus ont été menacés, harcelés, détenus et ont disparu.

HRW n'est pas la seule organisation à dénoncer ces scandales et la complicité malsaine des États-Unis. Dans

---

79. https://www.hrw.org/news/2017/06/22/yemen-uae-backs-abusive-local-forces, et https://www.ohchr.org/Documents/Countries/YE/A_HRC_39_43_EN.docx et https://www.hrw.org/fr/news/2018/01/18/emirats-arabes-unis-violations-graves-des-droits-humains-linterieur-et-lexterieur-du

un rapport publié le 12 juillet 2018, Amnesty International dénonce l'utilisation généralisée de la torture et d'autres mauvais traitements dans des prisons secrètes[80]. Une partie de l'usine de liquéfaction Total de gaz de Balhaf, à l'arrêt depuis le début de la guerre en 2015, aurait été réquisitionnée par les Émirats Arabes Unis à la demande officielle du gouvernement yéménite et aurait été aménagée par eux depuis mi-2017 comme lieu de détention. Depuis deux ans, des témoignages recueillis par l'organisation Amnesty International, par le panel d'experts sur le Yémen des Nations unies ainsi que par des ONG et des activistes yéménites ont fait état de l'existence de ce lieu de détention. Dès lors, les ÉAU n'ont qu'une solution : tenter de s'imposer dans les organisations internationales pour maximiser leur zone d'influence et limiter les révélations sur ses exactions...

80. https://www.amnesty.org/fr/latest/news/2018/07/disappearances-and-torture-in-southern-yemen-detention-facilities-must-be-investigated-as-war-crimes/

21. Des échecs aux perspectives

On a beau manigancer, parfois, les plans échouent. Pourtant, pour MBZ, tout était cousu de fil blanc. Des moyens considérables, en termes de *lobbying*, avaient été mis sur la table pour permettre aux ÉAU d'emporter la présidence de l'Organisation Internationale de l'Aviation Civile à la fin novembre 2019. Pendant des mois, Aysha Al Hameli, la première femme pilote des Émirats Arabes Unis, a mené tambour battant la campagne pour sa candidature. Las, le *timing* lui était défavorable. Le blocus du Qatar, entamé en juin 2017, lui a été fatal.

En interdisant aux avions de la Qatar Airways d'emprunter les espaces aériens saoudien, émirati, bahreïni et égyptien, les ÉAU croyaient faire plier leur voisin. Or, malgré de lourdes pertes financières sur une vingtaine de lignes, la compagnie nationale qatarie a profité de ce handicap régional pour doper l'ouverture de ses lignes notamment plus lointaines vers l'Afrique. Ainsi, 24 nouvelles lignes ont été inaugurées à partir de l'année 2018. Depuis 2017, Akbar Al-Baker, le président de la Qatar Airways, avait demandé à l'Organisation de l'Aviation Civile internationale (OACI) que fût dénoncé le blocus contre son pays qui violait la convention internationale sur le transport aérien. En vain.

Du 21 mai au 21 juin 2019 a lieu la 40e assemblée de l'OACI, créée en 1944 et dont le siège est à Montréal. Outre le secrétariat général, l'organisation est constituée

- du conseil,
- de la commission de navigation aérienne et
- de l'assemblée.

Le Conseil est composé de 36 membres permanents élus tous les trois ans et qui sont réunis depuis fin septembre 2019 pour étudier les candidatures à la prochaine présidence. L'élection est prévue le 25 novembre 2019. La multiplication des crises dans lesquelles sont impliqués les Émirats et leur allié saoudien, comme la non-résolution de la question du blocus contre le Qatar – reconnu illégal par les Nations Unies – laissent une faible chance à Mme Al Hameli d'accéder à la direction d'une organisation pour laquelle son pays d'origine n'a que peu de considération. En effet, juridiquement parlant, les Émirats Arabes Unis dès 2017 ont clairement violé la constitution de l'OACI en vertu de la Convention de Chicago de 1944. Ils ont violé l'accord de transit aérien et transféré des armes dans des avions civils à destination de terrains de guerre dans lesquels ils sont impliqués. Le Yémen, par exemple.

Mme Al Hameli est la représentante des Émirats Arabes Unis au Conseil depuis de nombreuses années, et le Qatar n'a jamais vu le moindre désir de la part de celle-ci de régler leur différend depuis plus de deux ans. Une fois élue, elle aurait été encore clairement sous les instructions de son gouvernement. L'Organisation aurait perdu toute crédibilité si la présidente du conseil avait appartenu à l'une des parties engagées dans un litige international en matière de transport aérien. L'OACI a donc élu Salvatore Sciacchitano afin de gérer l'avenir d'un secteur amené à prendre de plus en plus d'importance, tant en matière de flux de circulation des passagers, que d'environnement et de sécurité mondiale.

Néanmoins, les Émirats ne sont pas du genre à s'échauder à la moindre gouttelette d'eau froide. Obstinés, ils essayent de placer leurs pions et des personnes influentes de leur pays au sein des institutions internationales, en faisant fi du droit international. Résultat : certaines personnes peu recommandables, accusées de torture, se retrouvent en position de briguer les plus hautes responsabilités comme celles incombant au directeur d'Interpol, l'organisation internationale de la police criminelle basée à Lyon. C'est le cas du général Ahmed Nasser el Raïssi, inspecteur général de la police émiratie. L'homme était accusé auparavant par deux Britanniques d'avoir dissimulé délibérément des actes de torture commis contre eux, mais il était quasiment le seul candidat. La raison en est simple.

Depuis quelques années, les liens entre les ÉAU et Interpol se sont resserrés. En 2016, les Émirats ont fait don de 50 millions d'euros à l'organisation. Interpol avait un budget de 140 millions d'euros en 2019, les Émirats sont donc devenus les deuxièmes contributeurs d'Interpol, derrière les États-Unis[81].

Dès lors, comment leur refuser de tels honneurs et une telle récompense ? En 2018, lors de la 87e session de l'Assemblée Générale d'Interpol, Nasser Al Raïssi a été élu membre exécutif de l'organisation. Il ne décrochera pas le sceptre du président. Le cas de Matthew Hedges a pu finir de faire pencher la balance contre lui. Arrêté à Dubaï et accusé d'espionnage, le chercheur, on l'a évoqué, a été emprisonné de longs mois aux Émirats, torturé et condamné à vie, puis gracié grâce à la colère de Londres. Nasser el Raïssi, directeur de la police, était forcément au courant : on n'incarcère pas dans le silence, depuis un aéroport international, des ressortissants européens sans que la hiérarchie soit informée. Les ÉAU ont à nouveau échoué dans leur politique d'entrisme... mais jusqu'à quand les règles de bon sens maintiendront-elles les émissaires d'Abu Dhabi dans une place raisonnable ?

Rien n'est gravé dans le marbre, et les échecs du passé ne présagent pas du futur. Certes, la guerre au Yémen menée par « la septième armée du monde » depuis 2014 a été un échec total, tout comme le blocus contre le Qatar entrepris en juin 2017 jusque janvier 2021. Pour compenser la radicalisation

---

81. https://www.franceinter.fr/emissions/l-interview/l-interview-14-no-vembre-2020

politique du pays, le grand plan de diversification de l'économie et de développement prévu pour 2030 prévoyait un vent de libéralisation. Il semble avoir perdu vigueur dès le début de sa mise en œuvre. L'assassinat de Jamal Kashoggi à Istanbul en octobre 2018 l'a enterré, et il n'est pas sûr que l'autorisation des femmes saoudiennes à pouvoir conduire leur propre voiture suffise à le ressusciter.

Le 14 septembre 2019, l'attaque de la raffinerie Aramco, bijou de l'Arabie saoudite, a montré la limite de la toute-puissance des États frères. Revendiquée par les Houthis du Yémen, attribuée à l'Iran, l'œuvre de quelques missiles et de quelques drones a prouvé

- l'inefficacité des batteries anti-aériennes saoudiennes,
- les limites du géant pétrolier mondial et, par-delà l'esbroufe,
- la fragilité des pieds d'argile que Riyad et Abu Dhabi tentent de dissimuler.

De leur côté, les Émirats Arabes Unis, pris dans leur soutien aux contre-révolutions démocratiques sont très occupés à imposer ou maintenir le retour à l'ordre sécuritaire et autoritaire du Soudan à l'Algérie, en passant par la Mauritanie, la Libye, la Syrie et l'Égypte. Le retrait du Yémen fragilise l'Arabie Saoudite sans que, pour autant, les exactions aient réellement cessé[82]. Cependant, MBZ voit plus loin. En apparence peu affecté par ses nombreux échecs, le prince héritier continue

____

82. https://lemonde-arabe.fr/26/04/2020/arabie-saoudite-et-emirats-arabes-unis-faire-plier-le-yemen-par-tous-les-moyens-et-dans-lombre-de-lactualite/

de se rêver en maître du monde musulman. L'effondrement du Conseil de Coopération du Golfe lui ouvre un boulevard. Le sultanat d'Oman et le Koweït, traditionnels *peacemakers*, ne sont pas parvenus à relancer cette instance communautaire ; et la figure de l'ennemi iranien peine à convaincre. Ne vaudrait-il pas mieux soutenir le pays dans une perspective transhistorique telle que définie par l'avocat et expert en géopolitique Ardavan Amir Aslani[83] ? Qu'on le veuille ou non, l'Iran n'est pas réductible à son gouvernement actuel. Le pays appartient à sa jeunesse, qui aspire à la démocratie et à la paix.

Dans le rapport de Global Fire Power de 2019, l'Iran se classe 14e puissance militaire mondiale, devant Israël. Depuis trois millénaires, les frontières de cet État n'ont presque pas évolué. C'est l'un des régimes les plus stables de la région depuis quarante ans. Sa force est estimée à 400 000 hommes, 250 000 conscrits, près de 400 000 Gardiens de la révolution. 2 000 blindés ainsi que des missiles russes et chinois lui fournissent une capacité défensive importante. Certes, à l'aune occidentale, l'on peut s'offusquer de ses manquements démocratiques ; reste, pragmatiquement, que la région a besoin de stabilité. Une saine transition ne pourra jamais s'effectuer qu'en douceur. Chercher à provoquer le chaos en Iran conduirait à une catastrophe. Or, me confiait en octobre 2019 Gerd Nönnemann, professeur de sciences politiques à la Georgetown University de Doha, la position des ÉAU rend l'avenir bigrement inquiétant.

______

83. *De la Perse à l'Iran. 2500 ans d'histoire*, L'Archipel, 2018.

Cela va mal finir, car les tensions montent et les manifestations ont toutes les mêmes raisons. L'action de MBZ et de ses alliés risque fortement de favoriser une fois encore les courants islamistes. Même le maréchal Haftar a échoué en Libye. Un nouvel effondrement n'est qu'une question de temps, et ce serait d'autant plus affligeant que cela irait dans le sens de la politique autoritaire de Mohamed ben Zayed. L'arrivée de la Chine et de la Russie dans ce bourbier n'apportera rien de positif. Ces États soutiendront les régimes qui leur ressemblent, donc les régimes autoritaires. MBZ est redoutable. Il n'hésitera pas à semer le chaos jusqu'au bout dans la région pour ses propres intérêts. Hélas ! Nous discutions aussi tous avec Saddam Hussein et Bachar Al Assad jusqu'à ce que...

Il n'est pas sûr que l'Amérique, en partie désengagée de la région et concentrée sur ce que Barack Obama appelait le « pivot » asiatique, puisse ou souhaite changer la donne en contenant l'empire marchand *alla* Venise que constituent les ÉAU, connecté à ce tryptique géopolitique stratégique que sont

- la mer d'Oman,
- le golfe persique et
- l'océan indien.

Si l'on se risque à proposer des pistes prospectives, on pourrait imaginer que les Émirats voient leur rôle d'agent de sécurité régional se renforcer par délégation de Washington.

21. Des échecs aux perspectives

Le rêve impérial de Mohamed ben Zayed, qui sait exactement comment s'intégrer et peser dans les futurs grands équilibres mondiaux, est peut-être sur le point de voir le jour à l'ère du retour des grandes puissances régionales et du bilatéralisme. Il deviendrait un pont et une charnière entre l'Ouest et la Chine, sur les fameuses nouvelles routes de la soie. La conquête par les Émirats des grands ports de la région était l'une des étapes programmées de ce projet mondial. Elle a été menée à bien. Hélas, il n'est pas certain que, au nom de la stabilité régionale et de la sûreté du monde, nous ayons des raisons de nous en réjouir.

Annexe :
les hommes d'influence de MBZ

Anwar Gargash

Originaire d'une grande famille de commerçants de Dubaï, Anwar Gargash est ministre des Affaires étrangères. Il est à la manœuvre d'une grande partie de la communication agressive en faveur de son pays dans le monde.

Il a étudié à la George Washington University et enseigné à l'Université des ÉAU. Depuis 2008, il est ministre des Affaires étrangères du pays et ne manque jamais de rappeler les trois critères de la politique émiratie :

- valorisation de la stabilité (fût-elle autoritaire),
- justification de toute exaction par la lutte antiterroriste, et
- opposition à l'Iran.

Ainsi s'exprimait-il, le 18 mai 2019, dans le *Journal du Dimanche*, en présentant sa « solution pour la Libye ».

S'il y a une chose que nous avons apprise sur le Moyen-Orient moderne, c'est que la région réussit rarement ses transitions politiques et ses révolutions. Elles sont le plus souvent violentes, avec des mêlées chaotiques qui prennent le dessus sur le changement pacifique du pouvoir. Les États fragiles s'écroulent et deviennent des États faillis, où les acteurs les plus impitoyables comme Al-Qaïda et Daech tirent avantage, tout comme l'Iran qui joue un rôle perturbateur dans la région. Dans ce sombre paysage, nous, aux Émirats Arabes Unis, avons tracé un autre chemin. Notre système de gouvernement a offert stabilité et prospérité à nos citoyens.[84]

Saif ben Zayed Al Nahyan

Depuis octobre 2004, Saif ben Zayed est ministre de l'Intérieur des Émirats Arabes Unis, donc responsable de la protection de l'intérieur et de la sécurité intérieure des Émirats Arabes Unis. Il est par ailleurs vice-premier ministre depuis le 10 mai 2009.

Abdullah ben Zayed Ben Sultan Al Nahyan

Ministre des Affaires étrangères et de la coopération internationale depuis le 9 février 2006, reçu par les chancelleries étrangères, il porte la parole des ÉAU à l'international. En

---

84. https://www.lejdd.fr/International/tribune-notre-solution-pour-la-libye-par-le-chef-de-la-diplomatie-des-Émirats Arabes Unis-3899310

août 2017, il avait exhorté l'Iran et la Turquie à mettre fin à ce que les ÉAU avaient qualifié d'actions « coloniales » en Syrie. Le 14 février 2019, il avait déclaré qu'Israël était en droit d'attaquer des cibles iraniennes en Syrie. Il est donc aussi partie prenante du rapprochement entre les ÉAU et Israël. Il est membre du Conseil de sécurité nationale, vice-président du Comité permanent des frontières, président du Conseil national des médias, président du conseil d'administration de la Fondation Emirates pour le développement de la jeunesse, vice-président du conseil d'administration des directeurs du Fonds pour le développement d'Abu Dhabi et membre du conseil d'administration du Collège de la défense nationale.

Tahnoun ben Zayed Al Nahyan

Conseiller à la sécurité nationale, il est souvent présenté comme le maître-espion des ÉAU. Selon le journal émirati *Al Khaleej Online*, mi-janvier 2019, de hauts responsables des Émirats Arabes Unis et d'Israël ont pris un avion privé reliant Abu Dhabi à Tel Aviv pour survoler l'espace aérien saoudien jusqu'à l'aéroport Ben Gourion. L'avion ramenait des responsables israéliens à Tel Aviv après une visite secrète à Abu Dhabi, en vue de préparer une « visite surprise » supposée d'Abdullah ben Zayed Al Nahyan. Ce voyage devait précéder la visite du premier ministre israélien aux Émirats Arabes Unis. Les deux voyages n'ont finalement pas eu lieu, mais ces informations indiquent l'étroitesse des contacts entre les deux pays.

Yousef Al Otaiba

C'est en quelque sorte l'« âme damnée » de MBZ. Actuellement ambassadeur des Émirats Arabes Unis aux États-Unis et ministre d'État, Al Otaiba a été ambassadeur non-résident au Mexique.

Son père a été le premier ministre du pétrole des Émirats Arabes Unis et s'est retrouvé élu président de l'OPEP à six reprises. À cet égard, il est considéré comme l'un des membres fondateurs non royaux du pays, ainsi qu'un proche confident du fondateur feu Zayed Ben Sultan Al Nahyan (1918-2004).

Yousef Al Otaiba a été élevé au Caire et a plus tard été sélectionné pour la bourse internationale du Collège industriel des forces armées (ICAF) de la *National Defence University* à Washington. L'ancien commandant du CENTCOM, le général Anthony Zinni, était l'un de ses mentors. À 26 ans, Al Otaiba est devenu le conseiller principal de Mohammed ben Zayed, directeur des affaires internationales de la cour du prince héritier et principal agent de liaison du pays en matière de sécurité, d'antiterrorisme et de défense. En 2006 et 2007, Kristofer Harrison, conseiller du département d'État aux États-Unis pour la Défense et le gouvernement aux États-Unis, décrivait le rôle d'Al Otaiba comme une « aide cruciale pour aider les autres pays de la région à soutenir les troupes du président George W. Bush », rôle qui a été confirmé par Richard Burr, président du Comité du renseignement du Sénat.

Le 22 juin 2008, Al Otaiba a été nommé ambassadeur des Émirats Arabes Unis aux États-Unis. Dès son arrivée dans la capitale, en tant qu'ambassadeur, il a travaillé en étroite collaboration avec Howard Berman, alors président du comité des affaires étrangères de la Chambre des représentants, sur un accord susceptible d'autoriser les Émirats Arabes Unis à obtenir des matières nucléaires des États-Unis pour un programme civil. En juillet 2010, des propos tenus par Al Otaiba ont été interprétés comme soutenant une frappe militaire des États-Unis contre des réacteurs nucléaires en Iran[85].

À partir de 2015, Al Otaiba devient l'une des principales voix à Washington pour promouvoir la guerre au Yémen. Il passe pour un ambassadeur efficace, alors que son pays s'affirme de manière plus agressive dans le domaine de la politique étrangère. En novembre 2017, il est promu au rang de ministre d'État, tout en restant ambassadeur aux États-Unis.

Al Otaiba est au cœur d'une vaste affaire de piratage de courriels à son détriment. Au début du mois de juin 2017, un groupe de *hackers* a commencé à distribuer des courriels volés dans la boîte de réception d'Al Otaiba. Selon *The Intercept*, les courriels divulgués – peut-être grâce à des pirates informatiques travaillant pour le Qatar, d'après le *New York Times* – ont révélé comment les Émirats Arabes Unis soutenaient le transfert de la base aérienne américaine Al Udeid du Qatar, et comment Al Otaiba avait consolidé l'influence des Émirats Arabes Unis à Washington. En 2015, les Émirats

---

85. https://www.theguardian.com/world/2010/jul/07/uae-envoy-iran-nuclear-sites

Annexe : les hommes d'influence de MBZ

Arabes Unis auraient versé 13,5 millions de dollars aux entreprises de *lobbying* américaines, dont

- 6,5 millions au Groupe Camstoll, qui était exploité par d'anciens fonctionnaires du Trésor américain responsables des relations avec l'État du Golfe et Israël, ainsi que de la lutte contre le financement du terrorisme, et
- 4,5 millions de dollars à Harbour Group.

Les documents divulgués dans le *Wall Street Journal* impliqueraient également Al Otaiba dans le scandale de corruption de plusieurs milliards de dollars entourant le fonds public malaisien 1Malaysia Development Berhad, qui aurait rapporté aux entreprises connectées à Al Otaiba 66 millions de dollars, soit 57,7 millions d'euros, sur des comptes *offshore*.

Cerise sur cet étrange gâteau : en novembre 2017, des courriels divulgués ont montré qu'Al Otaiba aurait engagé la Banque Havilland pour élaborer un plan sur la manière de déclencher une guerre financière contre le Qatar mis au ban du CCG depuis le 5 juin 2017.

Mohammed ben Rachid Al Maktoum

À 70 ans, l'homme est l'émir de Dubaï, le vice-président, le premier ministre et le ministre de la Défense. Issu de la famille Al Maktoum, de la tribu Bani Yas dont une autre branche règne sur Abu Dhabi, il a suivi une formation militaire avant d'être nommé chef de la police et de la force de défense de Dubaï.

Mansour ben Zayed Al Nahyan

Frère germain de l'actuel prince héritier, Mohammed ben Zayed, il est vice-premier ministre et ministre des Affaires présidentielles. Il est aussi le demi-frère de l'actuel président de la fédération. En 1997, il a été nommé président du bureau présidentiel de son père. À la mort de ce dernier, il a été nommé par son demi-frère aîné, Khalifa ben Zayed Al Nahyan, premier ministre des Affaires présidentielles, opérant la fusion du bureau présidentiel et de la cour présidentielle. Il a également occupé divers postes à Abu Dhabi pour soutenir son frère, le prince héritier Mohammed ben Zayed Al Nahyan. Il a été nommé président du Conseil ministériel des services, qui est considéré comme une entité ministérielle rattachée au cabinet.

En 2004, il est devenu ministre des Affaires présidentielles. En 2005, il est devenu vice-président du conseil de l'éducation d'Abu Dhabi (ADEC), président de la Fondation Emirates, de l'Autorité du contrôle des aliments d'Abu Dhabi et du Fonds pour le développement d'Abu Dhabi. En 2006, il a été nommé président du département judiciaire d'Abu Dhabi. En 2007, il a été nommé président de la Khalifa ben Zayed Charity Foundation. Il est également président de l'Emirates Horse Racing Authority (EHRA), l'autorité des courses de chevaux Emirates, le cheval étant son dada. En effet, Mansour ben Zayed est un cavalier accompli et a remporté de nombreux tournois d'endurance organisés au Moyen-Orient. Il est un fervent partisan des courses de chevaux arabes, et le parrain de la compétition annuelle du semi-marathon international Zayed à Abu Dhabi. Le 11 mai 2009, il a été nommé vice-premier ministre tout en conservant son poste de ministre des Affaires présidentielles au sein du cabinet royal.

Sultan Ahmed Al Jaber

Ministre d'État, il est directeur général et PDG de la compagnie pétrolière nationale d'Abu Dhabi (groupe ADNOC), président de Masdar City, président du Conseil national des médias. C'est un ardent défenseur de l'énergie de substitution et du développement durable. Le 15 février 2016, il a néanmoins été nommé directeur général d'ADNOC. Il a joué un rôle clé dans la création et le lancement de Masdar en 2006 et a exercé diverses fonctions de PDG. Il occupe le poste de président du conseil d'administration de Masdar depuis mars 2014 et en était auparavant le directeur général. Avant de travailler pour Masdar, Sultan Ahmed Al Jaber a œuvré sur des projets dans les secteurs de l'énergie, des services publics et autres, à la Mubadala Development Company. Masdar est une filiale à 100 % de Mubadala.

En 2009, Al Jaber a été nommé par le Secrétaire général des Nations Unies, Ban Ki-Moon, au sein de son groupe consultatif sur l'énergie et les changements climatiques (AGECC), qui a publié son rapport final en 2010. Les travaux d'Al Jaber en faveur des énergies renouvelables et des technologies propres ont conduit à sa nomination en 2010 en tant qu'envoyé spécial des Émirats Arabes Unis pour l'énergie et le changement climatique. En tant qu'envoyé spécial, Al Jaber était chargé de contribuer à la formulation et à la défense des positions diplomatiques et de la politique publique des Émirats Arabes Unis en matière d'énergie et de changement climatique.

En 2011, Al Jaber a été choisi pour faire partie du groupe de haut niveau du Secrétaire général des Nations Unies sur les énergies renouvelables pour tous. Il s'agit d'un effort initié par l'ancien Secrétaire général de l'ONU, Ban Ki-moon, pour assurer l'accès universel aux services publics modernes, doubler l'efficacité énergétique et la part du marché mondial des énergies renouvelables à l'horizon 2030.

En 2012, Al Jaber est élu « champion de la Terre » par les Nations Unies. En 2013, il est nommé commandeur de l'Empire britannique et ministre d'État, s'affirmant comme le M. Transition énergétique de la fédération.

Mohammed Dahlan

Mohammed Dahlan est l'ancien chef de la sécurité préventive à Gaza et ancien rival de Mahmmoud Abbas à la présidence de l'Autorité palestinienne. Homme fort des Émirats depuis des années, bardé de son expérience dans la sécurité, il a trouvé refuge à Abu Dhabi en 2011 quand l'Autorité palestinienne l'a chassé de Palestine, en l'accusant de comploter contre le président Abbas.

Depuis quarante ans, l'histoire de Dahlan est liée à celle de la Palestine. C'est un homme qui a toujours été prêt à tout pour diriger son pays, digne en cela des décennies pendant lesquelles l'OLP n'a rechigné devant aucun bakchich pour faire de même. Accusé de corruption par Ramallah depuis 2016, recherché par Interpol, il continue à couler un exil doré aux Émirats Arabes Unis. En 2016, certaines rumeurs accusaient même Abu Dhabi de vouloir provoquer un coup d'État en Palestine pour placer Mohammed Dahlan.

Aujourd'hui, la priorité de Dahlan semble être de lutter contre les islamistes du Hamas qui l'ont écarté en 2007 et de reprendre Gaza (que le Qatar soutient financièrement contre le chaos en finançant une partie des salaires des fonctionnaires assurant la sécurité). En 2017, son ombre planait sur Gaza.

L'ancien chef du contre-terrorisme palestinien, âgé de 56 ans, banni de ce territoire depuis que le Hamas en a expulsé les forces du Fatah, en 2007, est l'un des principaux acteurs d'un grand jeu géopolitique. Une partie d'échecs palestino-égypto-émiratie vise à reprendre aux islamistes, laminés par dix années de blocus et trois guerres contre Israël, la direction de la bande côtière palestinienne. C'est Dahlan lui-même qui a lancé ces grandes manœuvres au début de l'été. Avec l'appui financier des Émirats Arabes Unis, l'ex-homme fort de Gaza s'est mis à arroser d'argent liquide l'enclave palestinienne. Fort du soutien du Caire, le proscrit promettait même un allégement de l'embargo, à travers la réouverture du terminal de Rafah, aux portes du Sinaï égyptien. En échange, il était question que l'ambitieux colonel revienne sur sa terre natale et prenne les commandes des affaires civiles, les islamistes se contentant de gérer la sécurité.[86]

Par ailleurs, Dahlan a multiplié des structures se faisant passer pour des centres de recherches en Europe bien qu'elles ne soient qu'un outil d'influence et de *lobbying* au profit des Émirats Arabes Unis. Détail singulier : depuis 2015, Dahlan dispose d'un passeport serbe.

---

86. https://www.lemonde.fr/international/article/2017/10/06/de-gaza-a-abou-dhabi-l-ascension-de-l-intrigant-mohammed-dahlan_5197098_3210.html

Table des matières